U0005087

可以不要跟別人一樣嗎？

讓你人生大改變的88個開關

編著：滝本洋平、磯尾克行

譯者：陳惠莉

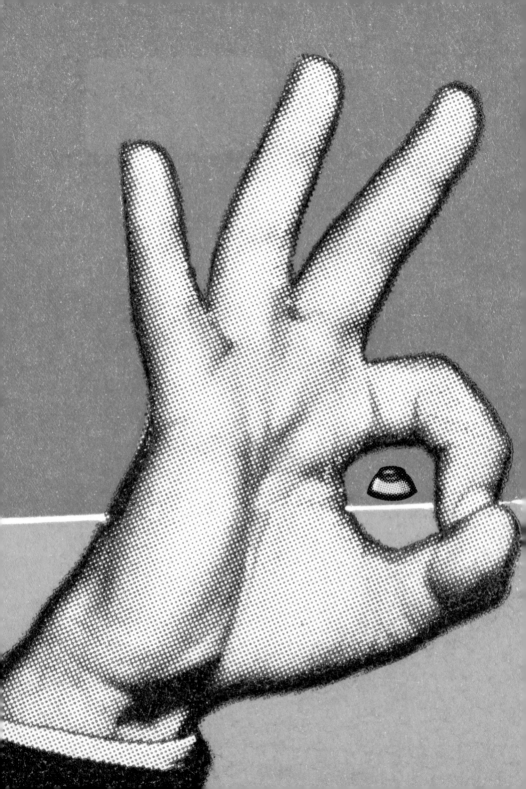

存在你心中的開關。

如果那個開關永遠保持在OFF的狀態，
即便擁有再美好的邂逅或契機、
可望創造良機的情報，時間經過再久，
這些東西都只會變成一堆「垃圾」。

只要把這個開關切換到ON的位置，
每天的邂逅、契機、各種情報
都可望成為讓將來充滿生命力的「智慧」之鑰。

打開人生的開關吧！

這個時候
一個開關就可以在瞬間
打開全世界。

都是學校不好、公司不良、社會不公……
把事情進行得不順的責任都歸罪於環境之前，
切換一下自己的觀點就好了。

改變自己的觀點比改變四周的環境
要簡單幾百倍。

現在立刻切換觀點！
只要觀點改變，人生就隨之不同。

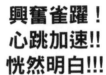

興奮雀躍！
心跳加速!!
恍然明白!!!

這是靈感湧現時的訊號。

聽從自己的靈感，
先踏出一步試試看。
這一步
或許會讓你的世界產生戲劇性的變化。

就算眼前聳立著一座
我們絕對無法跨越的高牆,
事實上,也許旁邊就有另外一條路可行,
也或許我們可以在牆腳下挖個洞鑽過去,
又或許我們本來就沒有必要到牆的另一邊去,
後頭就有一條可以通行的路。

**換個角度來看事情吧。
前進的方式或道路絕對不只一種。**

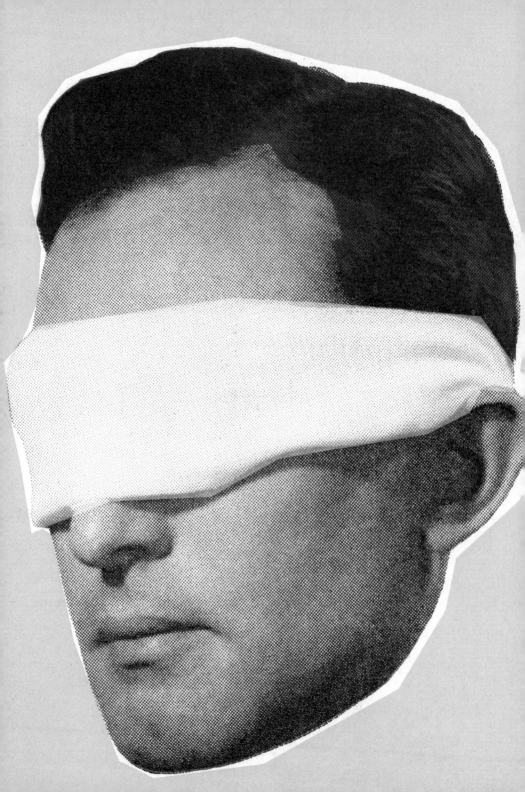

心生疑惑時。

那或許是你的心靈開關被打開，
一道新的門扉敞開來的機會。

「咦？」「啊？」「為什麼？」
當你產生這種疑問時。

如果輕易忽略這些「？」，
你的人生就太可惜了。

所謂的常識
是指18歲之前學到的偏見總合。

在不知不覺中學到的不必要「常識」
將會成為一個看不到的框架，
束縛你的心靈，狹隘了你的視野。

TAKE OFF FRAME！
去掉框框，解放自己吧！

可以不要跟別人一樣嗎？

YOUHEI. T & KATSUYUKI. I　編著：滝本洋平・磯尾克行

讓你人生大改變的88個開關

也許你認為
所有的常識都是有根據的，
但是，這些根據可能是人為操作出來的。

你是否把所有的常識都拿來囫圇吞棗？

SWITCH:01

本來，人是一天吃兩餐的。
據說，建立現在「一天三餐」這個常識的人是發明大王愛迪生。

在某場記者會上，有記者問愛迪生：「該怎麼做才能像你一樣聰明？」愛迪生的回答是：「一天三餐是不可或缺的。一天吃兩餐會不健康。我們應該要吃早餐，一天要吃三餐。」

這段言論透過各家媒體的報導而廣為流傳，結果大家的習慣好像都變成一天吃三餐了。

愛迪生為什麼會講這種話呢？

當時他正在開發設計烤麵包機，為了促進銷路，所以才提倡「應該要吃早餐」！
也就是說，那純粹只是一次銷售活動！

愛迪生的戰略加上媒體的推波助瀾，達到了相乘的效果，世人的常識因而被改變了。

連「一天三餐」這個我們認為理所當然的常識是否為正確的都不得而知。

就算圖畫不好，也可以成為漫畫家?!
看不懂樂譜，也可以成為音樂家?!

被視為必備的技術，
事實上也可能是不必要的。

畫出《男兒當大將》《我的天空》《打工仔金太郎》等許多受歡迎的漫畫的本宮廣志先生公開表示「我不會畫畫」。

在《打工仔金太郎》第一卷的開頭，他就寫出了這樣的訊息。

很幸運的，我不會畫畫。身為一個漫畫家卻不會畫畫，為什麼說是幸運的呢？因為不會畫畫，所以我可以把畫畫這檔事委託給別人去做。我大概是全日本最少坐在書桌前的漫畫家吧？我覺得，我有四處閒晃的時間，這一點是比其他的漫畫家有利的地方。

任何事情都一樣。只要能夠反過來活用自己的缺點，這些缺點就會成為別人所沒有的武器。

～本宮廣志～

即便不會畫畫，也可以成為一流的漫畫家。

＊

影響力足以代表日本音樂界的團體「DREAMS COME TRUE」的主唱吉田美和小姐雖然創作了許多曲子，可是聽說她好像不會看、寫樂譜。

只要一想到某個旋律，她就會用類似折線圖的圖式記下旋律，然後再交由夥伴中村正人先生將旋律寫成樂譜。

就算不會看樂譜，也可以成為一流的音樂家。

只知玩樂，就創造不出成果。
一旦蹺班，就做不好工作。

這些話是真的嗎？

SWITCH:03

戶外休閒品牌「Patagonia」的創始人伊馮・喬伊納德（Yvon Chouinard）因為「冬天會有好浪」的理由，而把總部設在加州的 Ventura。
而且他公開宣稱「讓員工去衝浪吧」。

Patagonia的員工平日在11點或下午2點都可以隨時去衝浪。很多員工上班時都把衝浪板擱在車上，一旦有適當的浪來，就會利用工作的空檔去享受衝浪的樂趣。

這樣會不會影響到工作的進度？
不會有人因此老是蹺班嗎？
……也許有人會這樣懷疑，然而事實上卻是完全相反。

可以自由去衝浪的環境激發出員工的責任感和效率、彈性、協調性、專業性。

什麼叫一般？什麼叫理所當然？
這世界也普遍存在著與「一般」相反的想法。

卸除被束縛住的觀點吧。

SWITCH:04

這個箱子的陰影部分是在內側還是外側？

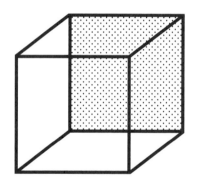

只要切換觀點，整個世界瞬間就不一樣了。
重要的是注意到觀點不能一成不變。

**我們擔心的事情
事實上幾乎都不會發生。**

大部分的事情都有辦法解決。
無計可施的事情再怎麼掙扎還是莫可奈何。

總而言之,沒有事情可以讓我們那般地恐懼。

SWITCH:05

根據某個研究團隊的調查顯示，我們所擔心的事情其實有80%不會發生。

此外，會發生的那20%的事情當中的80%，也只要事先做好應對的準備就可以獲得解決。

也就是說，一旦發生就無法處理且真正值得我們擔心的事情，只不過占整體的4%而已。

我們沒必要為還沒有發生的未來抱持過度的不安或過度的煩惱。
不憂不懼，勇敢往前邁進吧。

在慨歎「沒有才能」之前，
在為「沒有技能」而沮喪之前……

事實上，**就算沒有才能也能成功。**
其實**沒有技能，也可以塑造出強度。**

便利店「右近服務社」的右近勝吉先生。
他被譽為便利店的始祖，據說月賺300萬日圓。

他在14歲時加入幫派，整天在新宿地區與人爭鬥廝殺。某一天，他在路邊遇見了一個滿臉笑容的布道師，看到那個笑容之後，他就頻繁地進出教會，17歲金盆洗手了。

大學畢業之後，他不斷地換工作，但是卻在26歲時以不花一毛錢的方式周遊了世界一圈。整個世界繞完一圈，38歲時他去面試，想找個企業上班，卻事與願違。
他發現自己連一項技能都沒有。

「既然如此，就做所有我能做的事情吧。」他這樣想，開始了便利店的經營。
他幫人搬家、清水溝、丟垃圾、陪喝茶、遛狗、伴遊、陪孤獨老人聊天……等等，什麼活都做。
只要有客人委託，天涯海角他都跑。也曾經有一個專門收集世界各地奇石的客戶提出要求「我沒辦法親自去南極，希望你能代替我去」，他也真的跑去了。甚至有人從巴西聯繫「沒有電」，他也千里迢迢跑去。
據說，這種工作模式也曾經讓他一個月賺到4600萬日圓。

「我沒有任何才能。唯一的才能是什麼都能做，所以就什麼都做。」這是他的哲學。

在慨歎沒有才能、沒有技能之前，是不是可以先試著做自己能做的事？他的生活模式似乎提示了這樣的問題。

有時候我們深信是常識的事情
也有可能是錯誤的。

SWITCH:07

把常溫的水和已沸騰過的水同時放進冰箱裡，
不知道為什麼，後者結凍的速度竟然比較快。

為什麼會這樣？目前科學似乎還沒有明確的解釋。

如果根據常識來考量，情況應該是反過來的。
可是，事實就是如此。

常識並不絕對是正確的。

想取悅我們喜歡的人，
想看對我們而言很重要的人的笑容。

基於如此單純的理由，
我們想都想不到的力量就此衍生，人生因此而改變。

到目前為止，繪本作家‧NOBUMI先生出版超過130本以上的繪本，而且持續每年發表10本左右的繪本作品。

他連續推出了包括《新幹君》系列和《我變成假面騎士》系列在內的許多暢銷作品。在NHK教育節目中，也負責《找到了！》的《手的繪本》的動畫，《搖搖屁股》《唉呀呀海狗》《癢癢蟲的癢太郎》等的作詞工作。更和EXILE的表演者USA、漫畫家森川喬治等合作創作作品。
他是個非常活躍的超級繪本作家，竟然只有34歲！

他有傲人的成績，經歷也非同小可。
他的老家是基督教的教會，父母都是牧師。
念小學時，他是受到霸凌的孩子，曾經有兩次自殺未遂的經驗。

「再這樣下去不行」，一個念頭的轉換，升上高中生之後，他徹底地投入完全相反的「邪惡的世界」。之後成了飆車族‧池袋聯盟160人集團的頭頭，四處使壞。
他的學生時代真的是一團混亂。

之後，基於「可能會有許多可愛又溫柔的女孩」的理由，他參加了十所保育師專門學校的考試，卻全部落榜。
無處可去啊……正當他這樣想時，一直為他擔心的父親悄悄地當槍手幫他考上了一所學校，他也得以順利地進了保育師專門學校就讀。

在學校裡，讓他一見鍾情的女孩說的一句話改變了他的人生。
「我喜歡看繪本。」

「繪本？我會畫啊！」

根本沒有畫過繪本的NOBUMI先生當然是在說謊。

為了將這件事情變成事實，回到家之後，他立刻開始畫繪本，從第二天開始，每天把自己所畫的作品拿給她看。

為了討她的歡心，為了畫出更好的繪本，

他到附近的圖書館去，把裡面所有的繪本（6000本）看得滾瓜爛熟同時進行研究。長達兩年的時間，為了她，他以自學的方式完成的繪本竟然多達300本！

他持續將那些作品帶去給出版社，終於成功地以繪本作家的身分出道。

之後十年，出版社幫他出版的繪本超過了130本。

現在，NOBUMI先生是兩個孩子的爸爸。

而他的太太……就是非常喜歡繪本的那位女孩。

＊

最後再提到一段關於NOBUMI先生的事情。

他到目前為止雖然出版了130本以上的繪本，但是由出版社提供的企劃卻只有3本。

其他的都是他自行提供給出版社的作品。

他說：

「沒被採用的作品超過2000本以上。我自行創作的東西有10000本以上呢。」

可以不要跟別人一樣嗎？

SWITCH No.

DATE: . .

memo

88 Switch

MY SWITCH NOTE

如果從自己可望達成的事項當中
做選擇，
就沒什麼好興奮的吧？

如果什麼都做得來，那還要做些什麼？
這麼一想，人生就會充滿了
戲劇性的喜悅。

可以不要跟別人一樣嗎？

SWITCH No.

DATE: . .

memo

88 Switch

MY SWITCH NOTE

你是那種在痛苦的時候就會變得憂鬱的人嗎？
你是那種即便在痛苦的時候也可以保持開朗性格的人嗎？

只有心靈的狀態可以粉碎黑暗。

SWITCH:09 ↻

在第二次世界大戰中，位於奧斯威辛（Auschwitz，波蘭南部城市）的強制收容所。
在這個由德國納粹所創設的收容所裡，猶太人和波蘭人等俘虜們被大量地虐殺。

許多人都因為籠罩在不知何時會遭到殺害的恐懼中發狂了。
在這樣的環境當中，還是有人保持平靜。
精神科醫生——心理學者維克多·法蘭克（Viktor Emil Frankl）也是其中之一。

「不能連心靈都被占領。」
在收容所當中，他一直想像著未來光明的希望。
因此，他得以在嚴苛的狀況中存活下來。

即便在最惡劣悲慘的狀況當中，只有自己能夠決定自己的心靈要處於什麼樣的狀態。

我們不知道機會可能降臨在什麼地方。
是否能掌握那一瞬間，立刻採取行動。

這才是關鍵。

日本超級個人投資專家Ｂ・Ｎ・Ｆ（電腦使用者名稱）。

據報導，他的個人資產超過210億日圓，他是在讀大學時開始投資股票的。

當時他手上只有160萬日圓，頂多也只看過1本讓他知道《該如何操作股票的買賣》的書而已。據他說，其他的知識都是自己在操作當中學會的。

Ｂ・Ｎ・Ｆ這個名字之所以變得有名是因為某個事件的緣故。

2005年12月8日，人力派遣公司J-COM的股票把整個股市搞得天翻地覆。

水保證券的證券操作員不慎將「61萬1股售出」的單子誤打為「1圓61萬股售出」。

此時Ｂ・Ｎ・Ｆ取得了7100股。

同一天，他賣掉了1100股，把剩下的6000股以現金結清，拿到了20億日圓以上。

據說，在誤植事件發生的短短十分鐘之內，他就已經投入了40億日圓以上了。

也許已經有很多這樣的機會出現在某個人面前許多次了。

是模糊的夢想嗎？還是清晰的願景？
是具體地描繪未來嗎？還是漠然地想像？

這當中的差異會造成人生重大的落差。

軟體銀行集團的創始人孫正義先生描繪了一個被稱為「人生五十年計畫」的願景，開啟了他的商務世界──「20歲揚名立萬，30歲最少也要存下一千億日圓的資金，40歲一決勝負，50歲成就事業，60歲把事業交棒給下一任」。

他描繪的願景不只在事業上。
開始打高爾夫球時，他也非常重視願景和想像。

他率先做的一件事情就是持續觀看被譽為姿勢最漂亮的高爾夫球員揮桿的影片，時間長達半年之久。
他透過這種方式，把正確的想像完全烙印在腦海中。

接下來，他描繪「第一年打90桿，第二年80桿，第三年70桿」的願景。而且，他真的照著這個步驟達成了目標。

明確的願景和想像實踐了現實的夢想。
不管是商務或遊樂都一樣。

只要不被「退休」這個常識所束縛，
我們就可以貫徹「一生活躍於線上」的人生。

平櫛田中先生是日本近代的雕刻界巨匠。
他以90歲的高齡獲頒文化勛章，98歲時新成立了工作室。

就在他迎接100歲時，他花了600萬日圓買進了三根直徑2公尺的
樟木。
那是長達三十年所需要用到的材料。
也就是說，他打算持續工作到130歲。

而他在107歲過世之前，一直都投入在作品當中。

*

六十　七十是
黃毛小子

壯年男子
從百歲開始

從今以後　從今以後　我也是壯年男子

現在不做　更待何時
若我不做　更待何人
～平櫛田中～

「人生八十年」……然而，真正堪用的時間只有四十年?!
「耗費十年做出結果吧」……然而，真正堪用的時間只有五年?!

人生是有限的。

SWITCH:13

假設人的一生有八十年，那麼平均說來，我們睡眠用掉了二十七年，吃飯用掉了十年，上廁所用掉了三年。

扣掉這些時間，人生只剩一半的長度。
人生只剩短短的四十年。

人生是短暫的。
沒有多餘的時間去做我們不想做的事。

睡覺期間就是休息的時間、消除疲勞的時間。

但是，那段時間只是為了這樣而存在的嗎？

SWITCH:14 ↻

披頭四的保羅‧麥卡尼某一天早上醒來時，〈Yesterday〉的完整旋律就突然出現在腦海當中。

因為太過完整了，所以他四處向身邊的人打聽，確認「這首曲子是不是已經有別人做出來了」？

結果，沒有人聽過這首旋律，於是保羅便將這首曲子當成原創作品發表，〈Yesterday〉遂成了一首暢銷的曲子。

有人睡太多就會有一種罪惡感，但是，也許連睡覺都可以變成是一種工作。

看似無望的事物，還是得嘗試看看。
有時候人生的故事就是這樣來的。

星野道夫先生住在阿拉斯加，以包括野生動物在內的阿拉斯加的所有事物為題材，發表了許多優秀的相片和短文。

當初讓他決定遠渡重洋前往阿拉斯加的契機是一張相片和一封信。

就讀慶應義塾大學經濟學部，參加探險社活動的他在舊書店街的洋書專賣店裡找到一本阿拉斯加的寫真集。

本來他就強烈地被北海道的大自然所吸引。
對北方的憧憬在不知不覺中轉移到阿拉斯加去。
儘管如此，當時要找到與阿拉斯加相關的書籍是很困難的事情，他只有滿腦子的想法。
就在這個時候，他發現了寫真集。

之後，不管他到任何地方，都會把寫真集放在包包裡面，一次又一次地拿出來欣賞。

寫真集當中有一張相片緊緊地抓住了他的心。
那是一張從空中拍攝位於北極圈的愛斯基摩村的相片。
他愛極了那個村莊，到了愛不釋手的程度。

人們為什麼會在這種宛如世界盡頭的地方生活呢？
究竟是什麼樣的人？抱著什麼想法在這裡生存的呢？

於是，「無論如何都要去看看那些人們」的想法不斷地膨脹。

他抱著渺茫的希望，試著寫了信過去。

相片上的說明寫著「希什馬寥夫村」（Shishmaref）。

不知道地址和收件人姓名的他在村子的名稱前加上了「阿拉斯加」和「美國」，收件人則寫著「希什馬寥夫村 村長」。

然後，他還寫了自己的想法。

我從書上看到您村莊的相片，我想前往造訪。

我願意做任何事情，是否可以安排人為我帶路？

《我邂逅的阿拉斯加》星野道夫

沒有回音。

那是理所當然的事。

收件人和地址都不正確，就算送達了，對方也應該不會歡迎完全陌生的他吧……

他把寫信這件事都給忘了。

然而，奇蹟發生了。

過了半年之後的某一天，他從學校回到家時，在信箱裡看到一封英文信件。

竟然是從希什馬寥夫村寄來的信。

……收到您的來信了。

我與老婆討論過您想造訪之事……

夏天是獵馴鹿的季節，我們需要人手。

……隨時歡迎到來……

《我邂逅的阿拉斯加》星野道夫

於是他轉搭了飛機前往阿拉斯加，
一邊在村子裡寄宿，一邊在那裡過了三個月的生活。
和村民邂逅、獵鯨、海豹、獵馴鹿、白晝……
各種強烈的體驗深深地刻畫在他的心中。
那是他19歲的夏天。

之後，選擇成為攝影師的他懷抱著遠大的夢想，再度前往阿拉斯加，在那裡一住就住了十八年。
他拍攝了阿拉斯加的所有人事物，寫成文章，持續公開發表。

*

1996年8月8日
因為電視節目的需要，他前往蘇俄堪察加半島Kurir湖採訪，在湖畔紮營時遭到棕熊的襲擊，就此過世。

「是白是黑，快回答！」
當我們面臨這樣的難題，
眼前有橫阻的障礙時，
我們會感到猶疑。
雖然猶豫，
在白與黑之間，
卻擴展著無限的色彩。
〈GIFT〉Mr.Children

可以不要跟別人一樣嗎？

SWITCH No.
DATE: .   .

memo

88 Switch

MY SWITCH NOTE

與一般常識背道而馳的發想，
有時候會導出答案。

這是一個關於目前已經發展成為足以代表日本，具有世界規模的企業「UNIQLO」的故事。

1995年UNIQLO的營業額順利地成長，展店數大幅地增加。企業擔心隨著規模的擴大，商品的品質控管不夠徹底，會導致品質方面的低落，於是便舉辦了一項活動。

活動的內容就是在全國各大報和週刊雜誌上刊登「說UNIQLO的壞話拿100萬日圓」的廣告。
主旨是提供優質的客訴內容，企業就會致贈100萬日圓的獎金。

多達1萬多則的批評送到了企業。

於是UNIQLO將被指出的問題點拿來進行分析，具體地做改善。
這個活動是基於「與其請教諮詢師，不如直接詢問顧客對UNIQLO的看法更能得到有幫助的情報」的理念而企劃出來的。

就這樣，UNIQLO不但提升了品質和顧客的滿意度，其快速攻城掠地的態勢更是一瀉千里。

真的有必要
擔心自己停下重要的一步嗎？

抹去不必要的擔心，往前邁進吧！

SWITCH:17 ↻

萬一不行的話……

這個機率是1/10000。
也就是說，平安無事的機率高達99.99%。

僅僅0.01%的「不行」應該是不會發生的。
根本不需要恐懼。

就算是原地踏步，鞋底一樣會磨損。
來吧，勇敢地往前踏出一步吧。

發生問題時，我們從中學到了什麼？
你能將最惡劣的事態轉變為最好的狀況嗎？

這就是人生的分歧點。

SWITCH:18 ⟳

蘋果電腦（Apple）的創辦人史蒂夫・賈伯斯曾經解雇自己一手創建的公司。

*

當時我並不知情，後來才發現，離開蘋果電腦是我的人生當中最美妙的一件事。身為成功者所背負的重擔變成身為創始者的輕鬆快意。此外，對所有的事情，我不再像以前那般有自信，相對的，成為自由之身讓我可以邁向在我人生中最具有創意的時代顛峰期。

～摘自史丹佛大學畢業典禮（2005年）的演講～

*

之後，賈伯斯創立了皮克斯公司、結婚，為了重整經營不善的蘋果電腦，他重新回到蘋果電腦，成功地挽回頹勢。

所有的問題都附帶著禮物。

事實上，世界比我們所想的還要小，
人際關係比我們想像得還要近。

你聽過「六度分隔理論」（six degrees of separation）這個名詞嗎？

意思是，在世界上，任兩個人在「熟人的熟人」這樣的認知連鎖當中，大約透過五個仲介者，就會間接地連繫在一起。

也就是說，「人只要透過自己認識的人，到了第六個人，就可以和世界上任何一個人牽上關係」。

這個概念最初是來自匈牙利的作家Karinthy Frigyes於1929年發表的短篇小說《鎖》當中，「六度分隔理論」這個名詞則來自於劇作家John Guare的戲曲。

據說，美國的斯坦利‧米爾格拉姆（Stanley Milgram）教授於1967年進行了一個名為「小世界」的實驗，實際證明了這個概念。

瞧，如果你有想見的人，現在就立刻向身邊的朋友打聽吧。

「你的身邊有沒有誰可能和○○有連繫？」

只要透過五個朋友的朋友，也許連美國總統都可以搭上線。

可以見到想見的人。

只要有這種想法，人生將會有數不盡的快樂。

有一條路是以攻取勝，
也有一條路是以逃取勝。

一般說來，我們在開店時，總會刻意壓低設立店面的成本。可是，在全日本各地創設百圓商店的「Wat's」卻反其道而行。

Wat's在開店時思考的重點是將撤店的成本降到最低。重點不在於設立大規模而華麗的商店，也不在內部裝潢上花太多錢，塑造的重點是簡單而小巧的商店。據說他們和房東的簽約重點也在於「一旦決定要撤店，就要能夠盡快關店」。

理由何在？
為的是一旦百圓商店的最大型企業「大創」在附近開店，就可以立刻捲起尾巴竄逃。
一旦商品種類非常豐富的大型商店大創在附近開店，Wat's的營業額一定會銳減。所以，Wat's絕不戀棧，以最快的速度撤兵。這就是他們的戰略。

此外，他們會在最早的時間點選擇其他的百圓連鎖店還沒有進駐的地方開店，大賺一筆。待其他的大型商家出現了，絕對不正面迎戰，二話不說就立刻撤兵，然後繼續去找沒有對手的場所開新店……
Wat's就是以逆轉的發想來確保本身的利益。

獲勝的手段並非只有「作戰」一種。

一點點的發想轉換，
可以創造出新的價值。

SWITCH:21

普普藝術畫家安迪‧沃荷（Andy Warhol）的作品當中有一幅是毛澤東的肖像。

演員丹尼斯‧霍柏（Dennis Hopper）是這幅作品的所有人。
據說，某天霍柏回到家裡，覺得宛如一直盯著他看的毛澤東肖像畫與本人實在太神似了，感覺很不舒服，忍不住拿槍對著畫作擊了兩發。
結果，毛澤東的右肩上方和左眼上方各留下了一個彈痕。

幾天之後，霍柏拿這幅畫給沃荷看，沃荷說「把這個作品當成我們兩人的共同作品吧」，然後畫個圈圈圍住留在畫作上的彈孔，加上註解，一個是「warning shot（威嚇射擊）」，另一個則是寫「bullet hole（彈痕）」。

於是，安迪‧沃荷和丹尼斯‧霍柏的共同作品於焉完成。

這幅畫在霍柏死後被競標，價值是得標預期金額的10倍以上，也就是30萬2500美金（約2500萬日圓）。

連彈痕都可以成為一種藝術。

看似是自己的選擇，
實則也許是別人所選。
連自己喜歡的事物，
或許也在他人的操控之下。

**你是否隨波逐流呢？
再度確認自己的感覺吧。**

SWITCH:22

每一年的流行色彩都是透過國際會議來決定的。
於1963年成立的INTERCOLOR（國際流行色彩委員會）這個組
織會針對兩年後的季節選定一個流行色彩。
被選中的顏色經過在會議之後舉辦的素材或材質展示會，還有設
計師精品展的流程，被活用於服飾等製品上，最後變成商品陳列
於店內。

我們以為的自然演變而衍生出來的「流行」其實是透過會議被決
定出來的。

現在你身上穿著的衣服是憑自己的感覺選擇的嗎？

有時候，我們以為與本身無關的世界裡
也可以找到實現自我的場所。

值得我們邁進的道路
也許是在一個意想不到的方向。

近藤大輔先生是非常活躍的神奈川縣的縣議員。
在神奈川縣的逗子市長大,非常熱愛逗子市的他和一般的政治家
形象有很大的差異。

他在國中一年級之前都在沙烏地阿拉伯的沙漠當中生活,之後移
居到神奈川縣的逗子市。在大自然中成長的他無法習慣日本學校
的規定,就蓄著一頭長長的亂髮,騎著摩托車四處晃盪,到處惹
是生非,為所欲為,時而打鼓發洩。
「當時的我就像一塊欲求不滿的頑石一樣。」

高中畢業之後,他想成為一個音樂家。
為了粉碎當時感受到的世事矛盾,他把所有的感情都寄託在音樂
上,也一直不放棄打鼓的喜好。

就在某一天。
他搭乘的車發生大車禍,同車的一個夥伴因而喪命。他本身則是
手臂和脊椎骨折,在醫院的病床上躺了大半年,和病魔搏鬥。

在醫院的病床上,他每天和自己的內心做深度探討「為什麼我會
活著」。
當時,他產生了一個想法「我不是靠自己活過來的,是有人在守
護我」。於是,為了守護一直保護著他的家人、同伴、大自然、
社會,他開始想為大家做些什麼。

那個時候,他最喜歡的逗子市容漸漸地產生了變化。
公寓大樓一棟一棟蓋起來,森林也被浮濫地開發了。
「喂,這是怎麼一回事?你們沒經過同意對我的城鎮做了什麼!」
一開始,他跟同伴一起咒罵吶喊著,
不過,當然無法改變任何現實。

後來他想到：
「日本是個法治的國家，只要制訂這種法規就好了。既然如此，就只有從政一途了。」

於是他召集了同伴。
「找個人去當議員，阻止這種濫墾濫蓋的現象。我現在要去泰國，在我回來之前，你們先決定好誰要去當議員。」
丟下這個使命之後，他就前往泰國參加愛滋病義工活動。

他是在選舉之前的一個月回到日本的。
他再度召集同伴問道：「情況如何？」
可是大家都說自己不可能當議員。
「既然如此，我明白了。那就抱著寧為玉碎的覺悟吧。我要讓大家看看我是怎麼過活的。」
基於情勢使然，他決定親自出馬。

話雖如此，他對選舉當然是一無所知。
身上的錢也只有7萬日圓。他有的只是一股氣而已。
在同伴們的集資之下，他拿著70〜80萬日圓，成了逗子市市議會議員選舉的候選人。

在同伴和家人的支持之下，他騎著腳踏車在街上四處奔走，充滿熱情地訴說自己的想法。簡直像是一齣選舉鬧劇。

結果，他順利地當選了。時年28歲。

他說：

「我只是持續表達Love、Peace&Nature的想法而已。從這一層意義來看，不管是做音樂還是開店，甚至搞政治，都是一樣的。我覺得，只是表現的方法和工作的場所不一樣罷了。」

「當我在決定一件事情或採取行動的時候，我總是會率先想到自己家人的幸福。家人是社會的最小單位，集合起來就是整個社會。所以，讓最切身的家人獲得幸福是絕對的大事。我想好好地保護我的家人和身邊的同伴。」

「身邊的人都誇張地稱我為『環境議員』，其實我覺得只是一種單純的感覺。我有兩個小孩，我只希望在這兩個小傢伙長大成人時，還能為他們保留一些我最熱愛的大自然。我的想法就是這麼簡單。我總是在想，如何才能讓我們的孩子往後能過得更Happy一些？如此一來就會知道，有很多事情是值得去做的。」

他連任了三屆逗子市議會的議員，非常活躍，從2007年開始，他就擔任神奈川縣的縣議會議員。

到現在為止，他的想法從來就沒有改變過。

Think globally, act locally.
為了摯愛的事物，時至今日，他仍然持續地四處奔走。

人生做決定時不需要有任何理由。

瞬間的衝動就可以決定一切。

因為想做。

因為想去。

這樣就夠了。

理由就日後再補上吧。

可以不要跟別人一樣嗎？

☐☐☐☐☐☐☐☐☐☐☐☐☐☐☐☐☐☐☐

SWITCH No.

DATE: . .

memo

88 Switch

MY SWITCH NOTE

我們很容易就會受騙上當。
試著去質疑我們理所當然深信不移的事物吧。

SWITCH:24

草莓、香瓜、檸檬……色彩繽紛的刨冰糖汁。
該選擇哪一種味道？我們經常會猶疑不決，事實上，基底的糖汁
都是一樣的。
所以，如果我們閉上眼睛來吃，根本就無法分辨出味道的差異。

唯一不同的是著色劑和香料而已。
我們的大腦和味覺被外表和微微的香味給矇騙了。

是事實？還是錯覺？
你相信什麼？

每個人都可能會想到的事情……
瞬間湧上來的小小靈光……

要不要實際付諸行動？
這個決定會使人生因而改變。

SWITCH:25

有一項服務叫聖誕老人來信。
這項由一個叫拜倫‧里斯（Byron Reese）創始的服務，其靈感來源非常有趣。

他成了聖誕老人的助手，開始從阿拉斯加的奧斯丁（Austin） 提供「送信給孩子們」的服務。

他從2002年開始這項服務。
打開他的網站，上頭這樣寫著。
「The ORIGINAL and still the BEST, over 315000 letters sent!」

也就是說，到目前為止，他送出了315000封信。

每一封信收費9.95美元。
營業額高達300萬美元，大約超過2億5000萬日圓。

只是靠著一個靈感就成為億萬富翁?!
而且還能取悅30萬名以上的孩子們。

本來，每個人的內心都潛藏著一種狂氣。
在社會這個框架中，
每個人都壓抑自己的狂氣過日子。

**如果能夠在工作上表現出這種狂氣，
才能就得以開花結果。**

SWITCH:26

有一個名詞叫勞伯‧狄尼洛（Robert Mario De Niro）法。
這個名詞是因為演員勞伯‧狄尼洛太過投入於鑽研扮演好劇中角色的方法因而衍生出來的。

他在拍攝《教父Ⅱ》（Godfather）之前，特地跑到西西里島去學習西西里島腔的義大利話；拍攝《計程車司機》（Taxi driver）之前，實際跑去當計程車司機；拍攝《鐵面無私》（The Untouchables）時甚至拔掉了頭髮。

在日本，松田優作先生在角色演出上下工夫是出了名的。
在拍攝《野獸之死》之前，為了揣摩角色，有一段時間他銷聲匿跡，期間減重了十公斤以上，為了讓臉頰看起來凹陷，他甚至拔掉了上下四顆臼齒。

幾近狂氣的欲望激發出壓倒性的力量。

都這把年紀了……？

當我們開始從事某件事情時，我們需要的不是年紀，是熱情。
所謂的年齡，只是在放棄一件事情時所需要的藉口罷了。

菊田浩先生是小提琴工匠。

他本來在NHK擔任工程師，35歲時被在歐洲的路邊攤以3千日圓購買的小提琴所吸引。之前，他當然沒有製作過小提琴，也沒有拉過小提琴，卻從此開始一邊工作，一邊去上小提琴製作教室，開始學習小提琴的製作方法。

當他可以順利地製作出屬於他自己的作品時，他把自己製作出來的小提琴拿給曾經在義大利學習製工的日本人看，結果得到的評語是「確實是照設計圖製作出來了，但是，這不算是真正的小提琴」。
這句話成了一個契機，他決定要成為一個真正的小提琴工匠。

40歲。
結婚第七年。
他向妻子表明心意：「我要辭掉工作，一邊打工，一邊製作小提琴。」
於是太太說：「如果你覺得這是你人生中唯一重要的事情，就不要半途而廢，最好是辭掉工作到義大利去學習。」
這句話如同一劑強心針，使得他決定去留學。

就這樣，他以41歲的年紀，進了義大利的小提琴製作學校就讀。
四周的同學都只有10幾歲。
而且，除了小提琴的製作之外，他還必須學習其他的科目。
他一邊上學，同時還前往他在日本就極度嚮往的專業工匠尼可拉·拉扎利（Nicola Lazzari）的工房，學習製作小提琴。
三年後。
他竟然以首席的身分畢業。

同時，他受到FERRARINI集團表揚為最優秀的畢業生，還拿到獎學金。

之後他持續製作小提琴，2006年參加在波蘭舉辦的，被視為難度最高的競賽「維尼亞夫斯基小提琴製作比賽」，成為第一個獲勝的日本人，同時獲頒最優秀音響獎。

隔年，他又參加「柴可夫斯基小提琴製作大賽」，獲得金牌。

他從35歲開始製作小提琴，短短的十六年間，他就完成了世界第一的小提琴。

可以不要跟別人一樣嗎？

SWITCH No.

DATE: 　　　．　　　．

memo

88 Switch

MY SWITCH NOTE

只要有人破壞障壁，
非常識也會變成常識。

以前，人可以屏住氣息潛水的理論性極限水深是30幾公尺。
有人說，如果潛水超過這個深度，就會因為水壓而死亡。
然而，一個熱愛海豚和大自然的男人Jacques Mayol在49歲的時候，卻赤手空拳超越了水深100公尺的障壁。
常識是可以重新定義的。

＊

以前有人說，人類在超過8000公尺以上的高度時，若沒有氧氣筒就無法呼吸，不可能做劇烈的運動。
然而，登山冒險家萊茵霍爾德‧梅斯納爾（Reinhold Messner）卻在沒有氧氣補充的情況下成功地爬上8000公尺以上的山峰。
常識是可以重新定義的。

＊

以前，日本的棒球選手成為美國大聯盟的選手根本就是痴人說夢話的事。
野茂英雄成為大聯盟選手已經過了十七年了。
成為大聯盟選手的日本人已經超過50人了。
常識是可以重新定義的。

＊

被視為「常識」的事物
終歸只是某個人塑造出來的東西而已。

因為是大規模公司，因為是大企業，所以品質絕對放心？
因為是公務員，因為是醫生，所以生活絕對穩定？

真正的安穩究竟何在？

SWITCH:29

號稱具有世界頂級技術能力的綜合家電廠商夏普於2012年宣布將從集團總計5萬7000名員工當中削減1萬1000人。

超過35歲，服務於夏普工廠的員工所說的話讓人印象深刻。
「以前當地的人都說，只要能夠進入夏普工作，就可保一輩子安穩。現在本來描繪出來的人生設計圖整個失控了。」

別人答應給我們的「一生安穩」是一種幻想。
過去的成功模式或許已經不適用了。

**覺得能力不及就直說，
感到排斥就直接表明。**

直截了當說出來
可以讓分配的任務更明確，產生團隊內的信賴感。

SWITCH:30

高橋步先生雖然是個作家，卻也同時擔任飲食連鎖餐廳、出版社、NPO法人等幾家公司或團體的代表。

他是個經營者，事實上卻不會使用計算軟體Excel。不但不會用，他甚至連看都不看。

「不知道是Excel跟我不合還什麼的，我就是沒辦法接受。光看就覺得肚子痛。所以，這方面的工作都交給別人去處理。相對的，關於創意或企劃方面的工作全由我一手包辦！」

他就是這樣公開宣稱自己不擅長的事物，將「有才能的人」延攬進入團隊，明確區分職責，信賴同伴，做到全權委任。
同時他也向外宣稱，他會接下他本身擅長的工作，構築起絕對的信賴關係。

就靠著這種方式，同伴之間可以彼此互補，解決所有頭痛或不喜歡的事情。

沒有必要掩飾自己感到頭痛的事物，勉強去處理。
就交給同伴吧。因為一定會有解決方法。

奇蹟從微不足道的創意和小小的一步
開始。

山田悠介先生是一個廣獲年輕讀者支持的暢銷作家，推出的作品
包括《奪命捉迷藏》、《還我拇指》等許多小說。
他發表的作品都大為暢銷，被拍成電影的作品也不計其數。他是
出生於1981年，才30多歲的年輕小說家。

他寫第一本小說是在19歲的時候。
本來，他根本沒有想要成為小說家，而且，他甚至鮮少看書，這
個事實著實讓人感到訝異。

高中畢業之後，他只是有一搭沒一搭地打工，一天過一天。
「再這樣下去恐怕不行吧」，有了這個念頭之後，他開始思索未
來。

他很喜歡在腦海中創造故事，於是他想把這些想法具體呈現出
來，這成了日後寫作的契機。

「拍電影大概不可能，寫寫文章應該可以吧？」
他抱著嘗試的心態寫了文章。
好不容易寫好了文章，接著他就試著想把文章做成書。
可是，他推斷可能沒有出版社會願意為不是作家的他出書，於是
他很快地就決定要自費出版。真的只是抱著玩玩的心態。

在這種狀況下做出來的書就是日後震撼出版業界的《奪命捉迷
藏》。

他自費出版的數量只有1000本。
從來就沒有去想是不是能賣得出去。

抱著「當個紀念也好」的想法所寫出來的這本書以奇特的發想和世界觀，還有自由奔放的筆法，掀起了話題，在國高中生之間開始掀起了漫天的狂濤。

書本的銷售狀況一發不可收拾，不斷地創造令人驚訝的數字，作品甚至被拍成動畫，影響的層面更加廣泛。
書本出版七年之後，掀起的炙熱潮流到達了被拍成電影，成為社會現象的程度。
就這樣，這本作品狂銷了200萬本以上！

一個沒沒無聞的新人，沒有拿過任何獎項，卻創造出了熱門暢銷的小說。這是真實存在的日本夢。

可以不要跟別人一樣嗎？

memo

88 Switch

MY SWITCH NOTE

不犯任何錯的人

只是一個什麼事都不做的人。

西奧多·羅斯福
（Theodore Roosevelt，美國第26屆總統）

可以不要跟別人一樣嗎？

SWITCH No. _____

DATE: ___ . ___ . ___

memo

88 Switch
MY SWITCH NOTE

只為了所愛的人……
一心只想到某個人……

這會讓許多人的心為之動搖。
只要有這種想法，工作和生活方式都會變成一件樂事。

本田技研工業生產的摩托車「Super Cub」在全世界各地極受歡迎。該系列所生產的部數突破6000萬輛，史上最強的摩托車呼聲很高。

據說，這款摩托車是本田技研工業的創始人——本田宗一郎先生基於「為了老婆」的想法而研發出來的。

看不過踩著腳踏車外出買食材的老婆太辛苦，他想到「如果安上引擎，出外採購就可以變得輕鬆許多」，遂在腳踏車上安裝了輔助引擎，這就是Cub的起源。

他把操作方式改得比較簡單，改良成就算穿著褲裙騎也不會沾到油汙的設計，以方便妻子騎乘方便；另外還考量到經濟方面的需求，講求燃料費用的減省……一切都是從「想讓妻子輕鬆一點」的觀點來發想。

據說，不管製造什麼東西，他總是把「製造為人們帶來歡樂，讓人們感到幸福的東西」擺在第一位來考量。

只為了一個人。
基於這個想法而製造出來的東西，結果卻造福了6000萬人。

順便要提一件事，他很喜歡吃醃蕪菁，老婆也總是騎著腳踏車到市場去買蕪菁。所以可能因此才把摩托車命名為「Cub號」（註：日文中的蕪菁發音同為kabu）。

是誰創造出界限的？

SWITCH:33 ⟳

101歲的現役醫生——日野原重明先生是日本首位推行「臨終照護」的人。

他每天凌晨2點就寢，早上5點起床，從70歲開始真正地執筆寫作，至今寫了300多本的書。

此外，超過90歲之後，他著手有生以來從未做過的「腳本」，也登上10歲之後就沒有再參與過的舞台表演。

現在他又開始作曲了。
他的預定計畫表上排滿了幾年之後的活動。
即便超過100歲了，他的好奇心依然旺盛。

「年齡」沒有一定的界限。
「好奇心」更沒有界限。

「先入為主的觀念」通常會製造出界限。
「前例」往往會衍生出界限。

失敗也會成為成功的契機。
錯誤正是正確答案的線頭。

SWITCH:34

可口可樂於1886年誕生於美國南部的喬治亞州亞特蘭大。

在亞特蘭大擔任藥劑師的約翰・S・潘伯頓（John Smith Pemberton）博士最初調配出來的可口可樂只是一種甜甜的糖漿，而這種糖漿是在店裡用水稀釋得來的。

可是，某一天，一家店在調配時出了錯。
服務生錯加了碳酸水而不是水，然後拿給了客人。

然而，失敗的可樂喝起來卻清爽而可口。
結果這項飲料大受歡迎，至今依然被全世界的人所喜歡的「以碳酸水兌過的可口可樂」就此誕生。

契機是一個微不足道的失敗。

我們生存的世界充滿了驚奇。

SWITCH:35

路邊的一隻小螞蟻。
牠是那麼地渺小，平常我們幾乎是不會去注意到的。

地球上的螞蟻一共約有一京隻。（註：京的數量為一億億）
總重量似乎足以與全人類的總重量匹敵。
你知道嗎？

世界遠超過我們的想像。
只要擁有這樣的視野，整個世界就會擴大好幾倍。

只要有堅定的執著，道路就會開啟。

說到拳擊電影，很多人大概都會想到在拳擊場上吶喊著「Adrian!」的拳擊手身影。

那是席維斯．史特龍所主演的《洛基》。

史特龍在出生時，因為產科醫生使用接生鉗不當，造成他的顏面神經受損，留下語言障礙和下唇下垂的症狀。因此，他在小時候非常地內向，對獨自空想和電影產生莫大的興趣。

高中畢業之後，他進了美容師學校就讀，後來中途輟學。

之後，他學習演戲，開始以成為真正的演員為志向。

然而，因為顏面麻痺的關係，他的演技遲遲無法突破，參加電影的演員面試也一再落榜。聽說他落榜的次數竟多達50幾次。

那段時間他只能演演情色電影，或者飾演保鑣之類的角色，長期過著只能每天賺些微薄工錢的極貧生活。

就在某一天。

他透過電視觀賞世界重量級拳擊錦標賽「穆罕默德．阿里（Muhammad Ali）vs. 查克．韋普納（Chuck Wepner）」的比賽。

當時，阿里被譽為世界最強的拳擊手。與之對戰的韋普納和史特龍一樣，一直過著極貧的生活。

人們都說，韋普納完全沒有勝算。

比賽結果是阿里獲勝，然而在過程當中，韋普納曾經打倒阿里，阿里在賽後甚至說「不想再和他對戰」。

對這場比賽有很深感受的史特龍受到啟發，只花了短短的三天就完成了劇本。

這就是《洛基》。

他拿著《洛基》，立刻開始四處推銷。

於是有一間電影公司表示有興趣將這個劇本拍成電影。

該公司打算請保羅‧紐曼（Paul Newman）、勞勃‧瑞福（Robert Redford）、艾爾‧帕西諾（Alfredo Pacino）等這些大牌來演出，企圖創造出熱門票房。

至於劇本的費用則高達就當時而言算是驚人數字的7萬5000美金。

可是，史特龍卻拒絕了。

他表示「除非我自己當主角，否則劇本不賣」。

經過漫長的交涉，結果……

整個製作計畫的內容有了變動，製作費被壓到非常低的預算，史特龍的報酬也是演員工會規定的最低金額，劇本費則減至2萬美金（曾經高漲至36萬美金），相對的，主角則由史特龍來擔綱演出。

因為沒有大牌明星參與演出，因此《洛基》只在寥寥可數的電影院裡上映，然而，後來慢慢地打響了名氣，最後甚至拿到了當年的奧斯卡戲劇獎！

本片成了紅遍全世界的熱門影片。

之後史特龍有多活躍就是眾人皆知的事情了。

史特龍相繼又在《藍波》《顛峰戰士》等片中展現他那經過鍛鍊的肉體，成為代表美國形象的動作片演員。

可以不要跟別人一樣嗎？

SWITCH No.

DATE: ．　　．

memo

如果說⋯⋯「每個人的生活模式可以各不相同」，
那麼，家人的風格和幸福的形式
也可以各異其趣。

SWITCH:37 ↺

有一個超過50歲，每天在秀場酒吧工作，有著像海中妖怪一般外形的人妖舞者，也就是同性戀舞者。他就是木乃伊田中先生。

他（她）有老婆，還有六個可愛的孩子。

老婆是在他33歲時在秀場酒吧裡看到田中先生的。
「我喜歡他的長相，決定跟他結婚，他只是在工作上扮演人妖而已，我不認為他真的喜歡男人。」

於是兩人結了婚，他們有兩個兒子、四個女兒。

孩子們都知道父親是人妖，但是都非常愛他，以他為榮。
一家人過得幸福美滿。

他們並沒有受限於家人的形式之類的常識。
所謂的家人形式，頂多只是人數多寡而已。

選擇的項目不只是現在看得到的事物。
也許只是現在還存在而已。

SWITCH:38

有人說，2010年前十大為人們所需要的工作，
在2004年時已不存在。

也有人預測，2011年度進美國小學就讀的孩子們當中的65%，
在大學畢業時可能會從事目前尚不存在的職業。

目前存在的工作不代表所有。
十年之後，一定會充滿了目前尚不存在的全新工作。

你是否受縛於既定概念？
這些概念究竟是誰決定的？

這世界上的既定概念
都只是某個人立下的「暫時性」規則而已。

不要受限於形式，
革新都是由此開始的。

SWITCH:39

美國的音樂家，同時也是蘑菇研究專家約翰‧凱吉（John Milton Cage）所創作的作品中，有一首叫〈Organ2/ASLSP（As Slow As Possible＝越慢越好）〉的有趣曲子。

這首曲子的長度竟然長達六百三十九年！
目前在德國的聖布爾赫德教堂內，透過電氣和機械的裝置，持續演奏當中。這首曲子從2001年9月5日開始演奏，預定於2640年結束。
更有趣的是，這首曲子的最初一年半是「全然無聲的部分」。
2003年2月2日才發出第一聲旋律。

順便要提一件事，創作這首曲子的凱吉作品當中，最有名的是一首叫〈四分三十三秒〉的曲子。
演奏時間的四分三十三秒當中，演奏者完全不彈奏樂器，是一首完全無聲的音樂。
他還有其他的作品，如〈HPSCHD〉，這首曲子的演奏時間「最短二十分鐘，最長到無限」，也有人說，這才是世界最長的音樂。

他的「什麼都是」的理論和表現方式完全顛覆了音樂的定義。

只要去除既有概念的框架，可能性就是無限的。

科學再怎麼發達……
文明再怎麼進化……
**我們身邊還是充滿了
尚待解決的不可思議的事情。**

SWITCH:40

接近地平線或水平線的月亮看起來比高掛在天空的月亮還要大。
然而,事實上,它們的大小是一樣的。

月亮的大小(直徑約3500公里)是不會變的,地球和月亮的距離
(約38萬公里)也幾乎是一定的,不會有忽遠忽近的狀況存在。
只要我們伸長手臂,拿著一個5日圓硬幣,拿幣孔和月亮的大小來
做個比較,就可以確認,大小是一樣的。
然而,為什麼看起來會不一樣呢?

這叫moon‧illusion=月亮的錯覺。

為什麼看起來會有不一樣的大小?
理由有各種假設,但是並沒有一個定論。

月亮的錯覺。
兩千三百多年前就這樣被稱呼的現象,人類至今依然持續研究當
中。

即便在科學如此進步的現代,尚未解決的不可思議事情仍然多如
牛毛。我們所生存的世界充滿了未知的可能性。

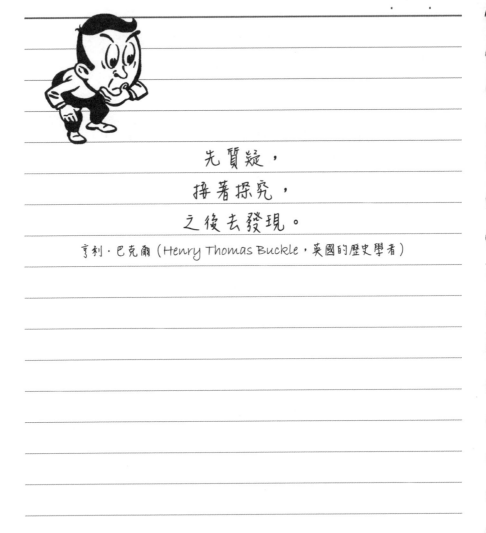

先質疑，

接著探究，

之後去發現。

亨利·巴克爾（Henry Thomas Buckle，英國的歷史學者）

可以不要跟別人一樣嗎？

SWITCH No. _____

DATE: ___ . ___ . ___

memo

88 Switch

MY SWITCH NOTE

以年收入或穩定性為考量？
還是以追求心中描繪的夢想和生活型態為重點？

排除雜音，只留下重要的東西。
這是通往自由的入口。

四角大輔先生是個音樂製作人,創造出七次百萬暢銷的佳績,CD
的總銷量超過2000萬片。曾經為平井堅、CHEMISTRY、絢香、
Superfly等許多歌星製作過作品。

2009年女性專輯排行榜第一名絢香和第二名Superfly的作品都是
出自他之手。
可是,在這個最光輝燦爛的時刻,他卻辭掉了大型唱片公司的工
作。然後和妻子兩人移民到紐西蘭去。
他完全脫離了音樂界,在他熱愛的大自然當中,開始過著自然的
生活。

這是一項讓任何人都會跌破眼鏡的人生選擇,然而據他說,為了
在該地生活,他已經準備了超過十年以上的時間。

為了享受最喜歡的垂釣之樂,在河畔定居生活──這是他從小在
心中描繪的夢想。

為了實現這個夢想,儘管工作所得增加,他不但沒有提升自己的
生活水準,甚至反而更加節省。
他住在建地內還有墳墓坐落的四十年老舊房子當中,每天帶水壺
和便當上班,徹底地控制開銷。當身邊的人都開著高級進口車四
處逍遙的時候,他仍然開著那已經十三年,甚至在下雨天還會漏
水的破舊客貨兩用車。

他伸長了飛往夢想的天線,化身成一個超級的紐西蘭狂熱追求
者。狂熱的程度到了只要在書店看到有「紐西蘭」這幾個字的書
或雜誌,他就全部買回家,連電影、電視節目、音樂都不放過。

一切都是為了移民到紐西蘭。為了夢想,他耗盡了一切,踏踏實
實地持續做準備,現在時機已經成熟。

就這樣，他在身為音樂製作人最有油水可撈的時候毫不猶豫地辭掉了工作十五年的公司，拋開一切。

在還沒有決定住所的情況下，他就移民到夢想之地了。

現在，他住在紐西蘭的湖畔森林裡，一邊享受垂釣和爬山的樂趣，一邊在每個季節往返於紐西蘭和日本之間。

在工作方面，他是個絕對的自由工作者。他活用自己最喜歡的戶外生活模式，幫釣魚、登山、戶外雜誌寫文章，也曾多次以達人的身分登上雜誌封面。同時他也兼作企業顧問、商品開發或諮詢、大學講師等工作。

「年收入雖然減少，但是充實感卻是當上班族時的好幾倍。」這是他的感想。

辭掉公司的工作，過著沒有穩定感生活的現在，難道不會感到不安嗎？他帶著笑容回答這個問題。

「有什麼萬一，只要在紐西蘭過著半自給自足的生活，一年大約只需150萬日圓就夠我們夫妻生活了。總是有辦法解決的。」

他只留下重要的東西，拋開人生其他的雜事，得到了屬於自己的自由。

＊

只要是對今後的自己沒什麼助益的事物，就乾脆地拋開吧。
越是捨得丟棄，就越可能將雜音從我們的視野和思緒中摒除。
因為我們真正想做的事情會變得更明確。
《為了持續保有自由，20歲時就該拋開的50件事》四角大輔

可以不要跟別人一樣嗎？

SWITCH No.

DATE: 　　　．　　　．

．　　　．

memo

88 Switch
MY SWITCH NOTE

現在從事的工作適合自己嗎？
現在的環境適合自己嗎？

就算不適合，
也許會有辦法可以改變。

SWITCH:42

海洋冒險家白石康次郎先生在26歲的時候，搭乘遊艇「雄幸精神號」，花了一百七十六天的時間，完成全世界最年輕的、獨自一人不靠港環繞世界一周的壯舉；2008年創下從舊金山到橫濱的單獨橫渡太平洋的世界最快紀錄。

而讓持續挑戰全世界各地的海洋他感到困擾的問題，竟然是暈船。聽說他在出海之後的幾天，因為暈船，甚至產生了快要死掉的感覺。

為了解決這個困擾，他想到的方法是「喝大量的柳橙汁」。因為柳橙的味道對嘔吐過的人來說，具有最好的安撫效果。他表示，在漫長的航行當中，如何享受本來討厭的事物是非常重要的。

他也這樣說：
「我並不適合搭乘遊艇。『喜歡的事物』和『適合的事物』是兩碼子事。」

在覺得做不到而想放棄之前，
你試過不同的方法了嗎？

SWITCH:43

原本「四十四隻石獅子」不好說，
換成「 四十四隻，石獅子」就容易多了。

人只要稍微改變一下觀點，
本來不可能的事物就會變得簡單，變成可能了。

負面的環境
也會塑造出新的架構。

「肯德基（KFC）」是世界知名的連鎖炸雞店。不用說大家都知道，創始者就是那個戴眼鏡的大叔哈蘭德‧桑德斯（Harland David Sanders）。

他本來是一個輪胎的業務員。
40歲時放棄當上班族，開始經營加油站。
他還設立了一間小咖啡廳，提供給前來加油的司機們有個休息的場所，咖啡廳的菜單上就有肯德基州有名的料理──炸雞，這就是肯德基炸雞的由來。

這道炸雞料理在司機之間口耳相傳，成為一個話題，因此咖啡廳生意興隆。然而好景不常，店門前開始蓋起高速公路，經營狀況日益惡化，最終倒閉了。他變得一文不名。

然而，以前簽下的某個契約卻救了他一命。一個客人，也就是餐廳的經營者彼得‧哈曼（Pete Harman）被炸雞的美味所感動，要求桑德斯教他炸雞的做法，而桑德斯也把祕訣交給了他。條件是「每賣出一塊炸雞，就給桑德斯4分錢的利潤」。拜此之賜，在倒店之後，哈曼仍然支付桑德斯該給他的錢。

桑德斯心想「好，就利用這種模式讓各個餐廳販賣我的炸雞吧」，於是在他65歲時，成立了肯德基炸雞公司。
就這樣，他在五年內成立了200家店面，七年之內擴張到600家，在他90歲去世之前，甚至在全世界48個國家一共開了6000家店。
據說，這個架構成了目前被視為理所當然的「特許經營業務」的始祖。

經營惡化、倒店、身無分文……
這些負面的環境塑造出了新的架構。

所謂的「天職」
不見得在年輕時就可以找到。
不管幾歲，
都有遇見「天職」的可能性。

SWITCH:45

昭和時期的大作家松本清張先生，他寫出的作品超過1000部。
這樣的數量著實超乎我們的想像，沒想到，他初試啼聲竟然是在42歲的時候，這更讓人感到驚訝了。

因為家境貧寒，他在小學畢業之後就開始工作，曾經在電器公司、印刷廠和報社工作。
他本來並沒有立志要成為作家，在工作之餘卻開始寫小說。1951年，41歲時，他將處女作《西鄉札》投稿到《週刊朝日》的「百萬人小說」應徵。結果入選第三名，這部作品還被推薦參加隔年的直木獎，造就了他日後以作家身分出道的機運。時年42歲。

他的第二部作品《某「小倉日記」傳》獲得了芥川獎，這是出道之後三年，也就是他44歲時的事情。這個時候，他仍然在報社工作，趁著轉調到東京總公司的機會來到東京。
隔年45歲那一年，他把家人接到東京，辭掉了工作，兩年之後的47歲時，他開始了真正的作家生活。

他的學歷只有小學畢業。身為一個沒有家世和地位的中年作家，出道甚晚的他從成為正式的作家開始，窮其一生到82歲為止的四十年間，以讓人驚歎的氣勢持續寫作，創造出超過1000部作品的成果。

「我沒有時間。我做不到⋯⋯」
「突然就提出這種要求，實在不可能⋯⋯」

這些話都只是藉口。

華特‧迪士尼（Walt Disney）創立了夢想和魔法的國度「迪士尼樂園」。他是在1953年時往迪士尼樂園踏出了一步。
當時發生的某件事被當成一個傳說流傳著。

華特的腦海中早就有迪士尼樂園的構想。想要具體成形，他需要融資來完成龐大的建築。然而，華特所做的簡介內容太過壯大，宛如夢境一般，欠缺說服力，因此無法順利地籌到資金。就在這個時候，他的哥哥洛依‧迪士尼（Roy Disney）為了做簡報，特地飛往紐約。
在這個一籌莫展的時候，華特想到「把腦海中的迪士尼樂園畫成完成的藍圖吧」，遂立刻把同伴，插畫家哈普‧萊曼（Herbert Ryman）找到家裡來。
「我想建造一座遊樂場。後天，洛依將要到紐約去做簡報，好籌到建設的融資。你必須在那之前完成構想藍圖。立刻動手吧！」

洛依預計在星期一出發。繪圖的工作從星期六早上開始。
華特站在坐在桌子前面的哈普旁邊，滔滔不絕地訴說著他的夢想。兩個人整整兩天沒睡覺，專注地把華特腦海中的遊樂場「迪士尼樂園」繪成具體的藍圖。

星期一，洛依帶著哈普畫出來的完成藍圖飛往紐約，結果成功地獲得了ABC（美國廣播網）的資金提供。
之後兩年，當華特54歲時，迪士尼樂園開園了。靠著短短的四十八小時的奇蹟，夢想和魔法的國度誕生了。

只要立定志願，四十八小時可以完成任何企劃。
心中若無志，就算擁有永恒的時間，也會一事無成。

為了自己之外的某個人……
伸出去的手會掌握幸運。

有一個住在峇里島的日本人，一向被稱為老大。

他在當地擁有29家集團公司，當地的工作人員超過5300人，自己的住宅竟然有25棟之多，還擁有一百七十個東京巨蛋那麼大的土地（800畝），是世界級的超級大富豪。
他的資產……因為太多，達到了無法試算的程度。

這個人本名叫丸尾孝俊先生。一般人都稱他為「老大」。

在大阪出生的老大3歲時，母親就離家出走，丟下他和父親兩個人。經過連食物都匱乏的極貧時代，在國中畢業之後，他到供吃供住的招牌店去當「小學徒」。之後到貨運公司工作，也曾經在吉本興業直營的迪斯可舞廳上過班，25歲之後，漫無目的地就飛往峇里島。

遠渡重洋到峇里島的老大每天晚上花天酒地，到處請當地人飲酒作樂，結果被誤以為是有錢人，不斷地有當地人上門借貸。

他有求必應，毫不猶豫地就把錢借出去了。人數多達數十人。
待回過神來時，他發現自己幾乎身無分文。

一個向他借錢的人告訴他「我沒有能力還錢，想用我擁有的土地來抵債」，遂將一塊荒蕪的、派不上用場的土地給了老大。
他在那塊土地上豎起了一塊寫了自己電話號碼的招牌。

幾年後，他的手上只剩18萬日圓，他苦惱著，是要回日本？還是在峇里島當地做生意？
就在此時，奇蹟發生了。
那塊豎著招牌的荒蕪土地價格飛漲，竟然以3億日圓賣出了。

於是，他用那些錢又買進了土地，等價格上漲時再賣出去。然後又買進土地，再賣出去……反覆這樣的操作之餘，他成了「不動產開發商」，事業獲得大成功。

目前，他不但過著優游自在的大富豪生活，還捐款為當地人蓋了學校、醫院、足球場等，還鋪設柏油路、提供資金維持、經營傳統技能樂團、認養了五十二個孤兒（提供經濟上的所有援助）……
至今他依然不改初衷，毫不吝嗇地出手援助需要幫助的人。

當地人稱他為「老大、丸先生、老闆」，人們極度地尊崇他「比村長先生更偉大」。

他的著作上寫著這段話。

「持續以金錢資助他人」
是應該要持續做的事。
因為如此一來，「自己也將變得更富裕」。
《大富豪老大的教誨》老大／丸尾孝俊

他的人生大逆轉的故事確實始於「持續以金錢資助他人」。

可以不要跟別人一樣嗎？

SWITCH No.

DATE: . .

有時候挣脱常識或知識的束縛，
重視靈光一閃的想法，
應該也不是壞事吧？
松下幸之助（松下電器產業創辦人）

可以不要跟別人一樣嗎？

SWITCH No. _____

DATE: _____ . _____ . _____

你針對人生剩餘的時間仔細思量過嗎？

思考死亡。
如此一來，就可以清楚看到自己現在該做的事情。
而生命將會開始變得更加燦爛。

SWITCH:48

根據日本厚生勞動省於平成23年的人口動態統計，
在日本，每二十五秒會有一個人死亡。
也就是說，在你閱讀本書的一個小時之內，有一百四十四個人死亡。

我們的人生不會永遠持續下去。
也許今天就是我們的最後一天。

＊

「為什麼有人成功，有人則不然？」
「成功的人很努力。不成功的人努力不夠。差別就在這裡。」
「為什麼有人努力，有人不努力？」
「努力的人有志向。不努力的人沒有。差別就在這裡。」
「為什麼有人立定志向，有人則不然？」
「立定志向的人知道人必終將一死。沒有志向的人並不真正了解人必將死亡的意義。差別就在這裡。」
～道元禪師（成立曹洞宗的禪僧）～

棘手的事。討厭的事。嚴重的事。

「太難了！不可能！」
越是有這種感覺，
障礙就變得越高，
事情就會變得更困難、更不可能。

SWITCH:49 ⟳

開創網路商店，提供網路綜合服務的樂天股份有限公司的三木谷浩史社長某一天發表了一項具有重大衝擊性的消息。
「樂天為了要使公司的服務國際化，首先要讓公司內部國際化。所以，所有工作人員的共通語言要轉換成英文。」

這項消息當然讓公司內部陷入一片混亂當中，反對者自然不在少數。然而，從發布這個消息之後，樂天整個改變了。員工被賦予參加TOEIC考試的義務、實施英文單字測驗、免費提供學習英文的課程、給員工學習的時間……公司實施了各項措施，以期提升員工的英文技能。

兩年之後。結果……所有的經營幹部的TOEIC都超過800分！所有員工的平均分數也從兩年前的526.2分提升到694.7分（順帶一提，一般大學生的平均分數在500分以上）。公司內部的會議有80%都以英文進行。
而樂天的所有工作人員的共通語言也變成了英文。

三木谷社長針對英文共通語言化的挑戰所寫的書名叫《英文沒什麼了不起！》。

沒什麼了不起……這麼簡單的定義，
就將本來以為不可能的事情轉變為可能。

有人活著時就受到評價。
也有人死後才得到評價。

然而，事實總有一天會流傳下去。

SWITCH:50

畫家文森‧梵谷（Vincent van Gogh）有許多油畫都受到高度的評價，包括有名的〈向日葵〉在內，對美術界造成重大的影響。

據說，他留下來的畫作多達2000幅以上，這些作品都是他從開始真正地作畫的27歲到死亡的37歲之間短短的十年內所畫出來的。

而現在，他的一幅畫以超過120億日圓的天價被下標，是廣為人知的「超級知名畫家」，然而，在他活著的時候，賣出去的畫竟然只有一幅。
而且，據說那幅畫還是朋友的妹妹以6000日圓的低價買走的。

畫作賣不出去，生活十分困苦的梵谷在精神上顯得極不穩定，很遺憾的，最後他結束了自己的生命。

我們永遠不會知道，「評價」這種東西什麼時候會到來。

機會到底在什麼地方？
機會現在就在我們眼前。

華莉絲・迪里（Waris Dirie）是個超級模特兒。

她出生於被視為全世界最貧窮的國家之一索馬利亞的游牧民族家庭當中。本來有一個姊姊，卻因為接受女子成年割禮而死亡，弟弟則在嚴苛的環境當中餓死。

在她13歲的時候，奉父親之命，以五頭駱駝的代價和一個60幾歲的老人結婚，但是，不認同這項婚約的她一個人在沙漠中逃命。在艱辛的路途當中，她竟然奇蹟似的遇見了母親的妹妹，之後，她就開始在倫敦工作。

她靠著當服務生和在咖啡廳打工，總算能勉強過活，過著相當辛苦的生活，還有過露宿在外的經驗。

當她在麥當勞當店員時，奇蹟發生了。她被英國的頂尖攝影師特倫斯・多諾萬（Terence Donovan）挖角，成為模特兒，展開她全新的人生。

她從倫敦移居到紐約，在香奈兒或Levi's、雅詩蘭黛等名牌的廣告中演出。經常出現在世界一流的時尚雜誌當中，和一群揚名立萬的超級模特兒們一起在米蘭、巴黎、倫敦、紐約等地的舞台表演。此外，她也製作紀錄片節目、發表自傳。她的自傳在全世界各地出版，銷暢1100萬本以上，成了世界性的暢銷書。

我們永遠不會知道，機會可能在什麼時候來敲門。

堅持是一種美德。

幾近異常的堅持
有時候會被譽為一種藝術，會受到喜愛。
堅持個人的堅持，
就會被視為一種才能。

據說日本電影界的巨匠黑澤明導演對史蒂芬・史匹柏（Steven Allan Spielberg）、喬治・盧卡斯（George Walton Lucas）、馬丁・史科西斯（Martin Scorsese）、法蘭西斯・科波拉（Francis Ford Coppola）……等足以代表好萊塢的電影導演們產生莫大的影響。他絕不妥協的態勢被說是「完美主義者」「天皇」，連細節都堅持到底的風格已經到達傳說的境界。

他在製作劇本的階段就在腦海中綿密地描繪場景，徹底地斟酌，直到如自己所想。

舉《天國與地獄》的電車奔馳在鐵橋上的畫面來說。只因為瞬間掠過畫面的民房屋頂礙了事，他就向民房主人許下承諾「拍完之後必定修繕完全」，然後破壞掉屋頂的部分才進行拍攝。

在《七武士》當中，為了營造劇本中所寫的「山杜鵑花盛開」的畫面，他命人從山上採來杜鵑，用卡車運送過來，一株一株地種上去。而且因為花朵一天就會枯萎了，所以卡車要每天運送新鮮的花過來。據說數量之大在兩個星期之內動用了十五輛4噸的卡車。

在《德蘇・烏札拉》中有老虎出現的畫面，他嫌跟馬戲團借來的老虎眼神太死板，還下令「去給我抓一隻野生的老虎來」。而事實上，在特寫老虎表情的畫面中，他就是用野生老虎來拍攝的。

此外，還有其他關於他拍片時的插曲，譬如「明明畫面沒有拍攝到抽屜當中的內容物，卻要求擺放於場景中櫥櫃的所有抽屜裡，都要放進可以讓人聯想到出場人物和該時代的生活模式的衣服」，或是「因為有聲音被錄進去，所以要求新幹線停駛二十分鐘」。

乍看之下會被認為多餘的，
不妥協到幾近異常的堅持卻為他的作品注入了靈魂。

路不一定只有一條。
如果有時間沮喪，不如去找別的出路吧。

SWITCH:53

製作人秋元康先生在他的Google＋中發表了這樣的言論。

以前，一個歌唱得非常好聽的女孩子來參加試唱會。她的聲音充滿了魅力，有著動人的靈魂。一直到最後，我都在猶豫，但是，我還是沒有錄用她。老實說，我覺得我無法勝任。我沒有自信可以讓這樣的歌唱實力充分發揮開來。後來，她認識了Mr. Children的製作人小林武史先生，正式出道。

*

她就是Salyu。如果讓我來操刀，我想她可能不會成名吧？我認為，就是因為小林武史先生的製作方式，她才得以成功。

一次的落選並不能決定一切。
一次的落選或失敗只是讓我們了解「這個方向不適合我」。
路是有好幾條的。

*

Salyu：出生於神奈川縣橫濱市港北區，日本女歌手。為小林武史發掘，因而在岩井俊二電影《青春電幻物語》中飾演歌手莉莉周、演唱主題曲，大受歡迎，隨後推出完整專輯《呼吸》。

我們看到的這個世界。

是因為有語言才看得到嗎？
還是因為看得到才有語言？

SWITCH:54

據說愛斯基摩人有好幾十種表現「雪」的語言。因為對生活在雪國當中的他們來說，這是有必要的。

用語有數十種就代表看到的事物可以分成那麼多種類。

對住在日本的我們來說，是不可能區分得來的。

＊

在法語中，「蝴蝶」和「蛾」都叫papillon，並沒有特別加以區隔開來。也就是說，在他們看來，這兩種東西是一樣的。

說日語的人把蝴蝶視為可愛又美麗的生物，
蛾則是讓人不舒服且令人討厭的東西。

語言不同，看到的東西和感覺的事物也都跟著不一樣。

如果可能性不等於零的話，那就試試看。
就算能做的事情微不足道，也要往前進。

如此一來，有時候，門就會突然開啟。

松田公太先生是日本參議院的議員。

他在成為政治家之前，創立了Tully's Coffee Japan，十年之內擴展到大約320家的店面。

1995年，當時身為銀行職員的他為了參加朋友的婚禮而跑到波士頓去。

他在當地喝了一杯很受在地人喜歡的特調茶咖啡。當時，美國的咖啡市價是1美元左右，然而那杯咖啡卻要三倍左右的價格。儘管如此，卻非常受到歡迎，店門前常有人排隊等候。

他並不是特別喜歡喝咖啡的人，只是因為好玩而試喝。

「好好喝！」

這是他有生以來第一次覺得好喝的咖啡。

只要咖啡好喝，在美國就有人願意花錢。

既然如此，日本一定也一樣……他的直覺動作了。

回國四個月之後，接著他飛到特調茶咖啡的發祥地西雅圖去。

他在西雅圖花了兩天的時間光顧了50家店，總之，就是一路咖啡喝到底。

當時他覺得最好喝的便是Tully's Coffee。

於是，他抱著孤注一擲的心態，直接打電話去Tully's公司詢問「有辦法可以拿到Tully's Coffee的銷售權嗎？」他當然沒能和創業者見到面。

回國之後，下班回到家以後，他仍然不死心地持續寫信到Tully's公司去。

他從自我介紹開始，把搜尋到關於日本的咖啡業界，還有自己拿到銷售權之後的計畫等，連同滿腔的熱情一併寄了過去。

有一陣子，他跟Tully's的交涉遲遲沒有進展，但是他卻辭掉了銀行的工作。

沒有了退路之後，他前往西雅圖的Tully's總公司，在沒有預約的情況下，突擊拜訪了會長（創始人），直接與他進行交涉，最後終於拿到了日本的銷售權。

他借了7000萬日圓當成創業資金，1997年，他28歲時，銀座1號店開幕了。他帶著睡袋住進店裡頭，每天工作二十個小時，終於讓生意上了軌道。

隔年，他成立了Tully's Coffee Japan股份有限公司，擔任代表董事。之後經過三年，也就是2001年，股票在日本‧那史達克（現在的海克力斯）上市，一口氣擴大營業規模，從沒有錢、沒有門路的情況下，花了大約十年的時間，構築了超過300家門市的咖啡連鎖店網路。

因為小小一杯咖啡的衝擊和埋頭勇往直前的力量造就了巨大的成功。

可以不要跟別人一樣嗎？

SWITCH No. _____

DATE: ____ . ____ . ____

memo

88 Switch

MY SWITCH NOTE

常識⇆非常識

我們現在死守的常識
在未來也許會變成非常識。

SWITCH:56

據說現在在美國，每六對結婚的配偶當中就有一對以上是透過網路認識的。

根據不久之前的常識來看，這是讓人絕對想不到的事實。

還有這樣的例子。

以前＝「沐浴在陽光下，曬得黝黑就不會感冒。」
現在＝「曬太陽會造成老人斑、雀斑、皮膚癌，所以要避免。」

以前＝「洗澡時肩膀以下浸泡在熱水中，徹底溫熱身體是好的。」
現在＝「熱水浸泡到肩膀的高度會對心臟造成負擔，建議以半身浴為宜。」

以前＝「青蛙跳可以鍛鍊腿部和腰部！」
現在＝「青蛙跳會傷害膝蓋，宜避免之！」

前述都是以現在來說難以想像的「過去常識」。

以前的常識都變成非常識了。
而我們現在的常識會維持到什麼時候？

某一天的事實
並不是永遠不變的事實。
切·格瓦拉 (Che Guevarabot)

The truth of one day is not always the everlasting truth.

CHE GUEVARA

可以不要跟別人一樣嗎？

memo

88 Switch

MY SWITCH NOTE

有些事情是只有孩子才會懂的。
有些世界是只有他們才看得到的。

孩子的童心會開啟全新的門扉。

以前有一個傳說中的武術家叫佐川幸義先生。

他是大東流合氣柔道的高手，即便年事已高，體力衰退到連果汁瓶的瓶蓋都打不開時，他依然可以在道場裡面，輕而易舉地摔飛極真空手道和少林寺拳法的高段高手。

他認為，皮膚或細胞等的外在力量會漸漸地變得衰弱，然而，身體內部的透明力量卻可以永遠鍛鍊下去。他表示，只要是個孩子，都可以簡單地掌握個中的極致。

「大人都企圖以拉扯的方式打開推門，所以永遠都打不開。」
這就像拚命地去推只要輕輕一拉就可以打開的門一樣。

只要保有一顆童稚的心，或許可以很簡單地打開門扉。

每個人都曾經是個孩子。
現在應該還可以想起童稚的心。
因為那是每個人以前都擁有過的東西。

長大成人之後，我們並沒有失去童稚的心。
一定只是遺忘了而已。

如果能夠從受到束縛的事物當中解放出來，
人就可以變得更為自由。

SWITCH:58

從2011年開始，澳洲護照的性別欄變成了三個。
除了男性（M）和女性（F）之外，還加上了第三種選項「不確定（X）」。

擁有和天生相反性別的心靈，超越性別境界的人們只要在申請護照時同時附上醫師的同意書，就可以將護照上的性別按照自己的意願加以變更。

性別是從出生時就決定的⋯⋯
連這個常識也已經開始改變了。

信念有時候是超越現實的。

這是關於某項實驗的事情。

首先讓受測者看放進暖爐加熱過的鐵棒。
然後告訴受測者「待會兒要把這根燒熱的棒子抵在你的手臂上」，隨即將對方的眼睛遮起來。
然後拿出一根沒有加熱的普通鐵棒，抵在受測者的手臂上，事實上鐵棒應該是沒有熱度的，受測者的手臂上卻出現了宛如被火燙傷之後的成條紅腫。

這是因為「燙傷了」的強烈信念而使得身體產生了防衛反應。

＊

另外還有其他類似這種實驗的故事。

將受測者的眼睛遮住，綑綁在床上，然後告訴受測者「只要流失三分之一的血液，人就會死亡」，然後，再告訴對方「要開始實驗了」，隨即在他的腳趾頭上劃一道傷口。
事實上傷口根本就沒有出血，在實驗的過程中卻刻意讓受測者聽到滴滴答答的滴水聲，就好像他一直在滴血一樣。

幾個小時之後，故意在受測者的身邊進行以下的對話。
「流了多少血了？」
「就快三分之一了。」

據說，聽到這些對話的受測者就這樣沒了氣息。

＊

千萬不可輕忽信念的力量。

家事這種事⋯⋯說穿了，和商務相較之下，一點價值都沒有。
養兒育女這檔事⋯⋯和工作相較之下，終究不是什麼大不了的事。

這種觀念或許是錯的哦？

SWITCH:60

美國的salary.com公布了主婦的家事・育兒勞動換算成年收入的數據。

調查的方式是請加拿大的18000名主婦針對家事或育兒等一般性的主婦工作內容列出一張清單,再將清單上的前十項工作列為「主婦的主要工作」。

管家、護理師、廚師、洗衣機操作人員、電腦操作人員、心理學家、設備人員、司機、CEO、雜務人員。

根據上述十項工作,把完成各項主婦的工作要花費多少時間、如果外包的話要花費多少錢等等作為換算的標準,計算出年收入大約是多少。

結果……主婦的年收入金額,包括加班費在內,竟然高達約1280萬日圓!
換算成時薪的話,大約是2630日圓。

此外,根據日本國稅局的民間薪資實態統計調查(平成22年)顯示,上班族的平均年收入大約是412萬日圓。
連主婦薪資的1/3都不到。

只要有不放棄的心，
再深的谷底都有反轉的一天。

崛之內九一郎先生是「生活創庫」的社長，包括經銷生活雜貨、進口雜貨、家電等的回收商店集團在內，年營業額超過100億日圓。他曾經在36歲時夜逃，過著無家可歸的生活。

家中從事的是製油業，他在算是比較富裕的家庭中長大。
高中畢業之後，為了進集團就業，遂前往大阪。
然而，不久之後，父親過世，他不得不繼承家業。
之後，母親、祖父、祖母相繼過世，他不得不孤軍奮鬥，持續運作事業，他跌落谷底的人生從此開始。

「人生不盡如人意，所以，得過且過就好。」
迷失了自我的他極盡浪費之能事，靠著變賣遺產生活。
終於，公司破產了。
破產之後，他做過機械修理、學習用品銷售、女裝製造銷售、電氣用品經營、卡車司機、焊接工、汽車銷售員、守衛等超過四十種以上的職業，都相繼失敗了。

他身負1億日圓的債務，被逼得走投無路，遂揮別了家人，宛如夜逃似的離開了當地。
為了和朋友一起開創製造銷售健康食品的事業，他前往東京。
然而，途中在濱松，他將身上僅剩的30萬日圓資金也花得一文不剩，淪為流浪漢。
36歲，他的人生跌至谷底。

淪為流浪漢之後，他每天過著撿拾垃圾，勉強止飢的日子。
然而，他還有夢想。
他雖然沒有錢，卻夢想在一個全新的領域創業。

就在某一天。
為了禦寒，他試著修理一個撿來的石油暖爐。

他輕而易舉地就修好了暖爐，本來是不值錢的垃圾再度有了它本來該有的價值。

他繼續撿拾暖爐來修理，然後拿到二手店去販賣，結果商家買了下來，他手上就有了錢。

「廢物可以變黃金！」

有了這個發現，他對回收這項工作產生了興趣，最後終於獨力開了回收店。

雖然只是小小的15坪店面，第一個月就做了大約40萬日圓的營業額。

之後，營業額呈倍數增加，1992年，他將店面變更為股份有限公司。他構築起日本第一家回收商店經銷制，目前在日本全國各地都有店面，年營業額超過100億日圓。

就算面臨充滿失敗經驗的人生，也絕對不放棄。

如此一來，再深的谷底也一定有反轉爬升的一天。

可以不要跟別人一樣嗎？

SWITCH No.

DATE: .　　.

---

memo

88 Switch

MY SWITCH NOTE

身無分文……沒沒無聞……
這些都不是一事無成的理由。

電影《生命的詛咒》在世界各國的電影節中獲得許多獎項。擔任導演、剪接、主演角色的人是喬納森．卡奧伊特（Jonathan Caouette）。

這是一部自傳式的紀錄片作品，除了描述身為同性戀的他本人的私生活之外，還參雜了自己出生之前的影像，同時追溯以前是模特兒，擁有美貌的母親為精神病所苦的現狀、拋妻棄子的父親、幼年時期遭受虐待的記憶、美國家人的生活等等。

這部電影是把身為導演的喬納森從11歲時就累積拍攝下來的許多相片和影像使用內建於蘋果電腦的「iLife」的影像編輯軟體「iMovie」，僅花費218美金（約2萬日圓）的超低預算就編輯拍攝出來的作品。

喬納森當時還沒沒無聞。他把作品寄到製作《搖滾芭比》的約翰．卡麥隆．米契爾（John Cameron Mitchell）的工作室去，米契爾和葛斯．范．桑（Gus Van Sant）從眾多試片用的影片中看出喬納森的才能和作品能力，遂將之拍成電影。

＊

《靈動：鬼影實錄》也是由一群幾乎是無名小卒的導演和演員們所完成的自主製作電影。

而且拍攝的過程只花費一個星期的時間，編輯是透過電腦軟體進行，製作費也只有1萬5000美金（約14萬日圓）的超低預算。

這部片子在美國是從指定的12家戲院的晚場電影開始上映，然後透過口耳相傳，公演的規模日漸擴大，最後在1945家戲院連映。

也在日本上映的這部電影，票房收入超過了150億日圓。

＊

就算沒有錢，就算沒沒無聞，還是可望創造出熱門事物。

白痴也好。亂七八糟也罷。隨隨便便也行。

**正因為是白痴，
所以能夠破壞既定概念和常識。**

「創造天國的男人」造天男。

身為NPO法人MAKE THE HEAVEN的理事長，他以「一邊享受歡笑，一邊為世界增加更多的笑容和元氣」為宗旨，以各種方法，投入國外救援和環境問題等活動當中。他採行的方法之一是以「電影」的形式來傳達訊息，他同時也是一位電影導演。

創造天國的男人本來是吉本興業的搞笑藝人。

名叫軌保博光。

和山崎邦正搭檔，成立「TEAM 0」，在「DOWNTOWN！」的節目中演出，為了實現當電影導演的夢想，他離開了吉本興業，辭掉藝人的工作。

然後在完全沒有經驗的情況下，一頭栽進電影的世界當中。

話雖如此，他夢想當電影導演的契機從某方面來說是偶發事件。

藝人時代拿到最優秀新人獎時，他在接受採訪被問到：「你的夢想是什麼？」當時沒有什麼特別夢想的他不假思索地就隨便答了一句「電影導演」。

之後他仍然「我的夢想是當電影導演」不離口，也觀賞了大量的電影，以免自己的謊言被識破，後來竟然從中發現了電影的樂趣而無法自拔，結果就變成了他真正的夢想。

辭掉藝人工作之後，他組織了一支電影製作團隊。

擬定了電影《107＋1～創造天國～》的企劃，開始朝著電影導演的夢想前進。

為了籌措電影的資金和宣傳，他有了驚人之舉。

他竟然每天一邊跑馬拉松，一邊發送電影的宣傳單，連續一個月不間斷。

42.195公里×三十一天。人們都說這是絕對不可能的挑戰，然而他成功了！

雖然他幾乎沒募到什麼資金，只能以全額貸款的方式來拍攝電影，然而在開拍的兩天前，他判斷準備工作還不夠，便決定延期。

由於拍攝延期，他失去了許多人的信任，資金也沒了，眼看著願景就不見了。儘管如此，他再度站上了起跑點。

正當他思索著接下來的步伐，一再嘗試錯誤之際，一個很關照他的人約他參加聯誼活動。
停下腳步休息也很重要，他便放鬆心情，一邊喝酒一邊喋喋不休地說笑話，把前來參加活動的空姐們逗得樂不可支。
其中一個空姐看到他骯髒的牛仔褲便說道：「我想幫軌保先生買一件西裝。」

他跟那個女孩子交換了電話號碼，隔天，他懷著興奮的心情打了電話過去。然而，她的語氣卻十分地冷漠，不到一分鐘就掛斷了電話。

這時，他的腦海中浮起一個疑問：
「昨天是酒精的催化作用嗎？」

他用擺放在房間裡的墨汁和筆，在影印紙的背面寫下「是酒精的催化作用嗎？」

看到他寫下醜陋的字，同伴不禁大爆笑。
這件事成了一個契機，他開始將浮上腦海的話語相繼寫了下來。
回過神來，發現自己寫了72句之多。

「把這個寫成書會不會賣得出去？」
有了這個想法之後，他想先看看一般人的反應，便坐在路邊，開始將想到的話語寫下來。
這個「看到你之後即興寫出來的話」的表演活動引起了許多媒體的關注，大獲好評。
就這樣，路上詩人——軌保博光誕生了。

之後，他出版了幾本集結他用毛筆寫出來的作品的書籍，毛筆字表演受到極大的歡迎，他也慢慢地存下了拍電影的資金。

2002年，他達成了籌措電影製作費6000萬日圓的目標，隔年，他花了七年半的時間追逐的夢想電影《107＋1～創造天國～》已經完成了。

他完成的電影以獨立上映這種召募上映者的形態公開演出，在日本全國各地長期持續上映，到目前為止，觀眾動員人數超過10萬人。
他以亂無章法、亂七八糟的方式實現了夢想。

《成為一個飛上天的白痴》這句話也成了他的書名。
正是如此。
他是一個飛上天的白痴。

然而，那種白痴的威力卻打破了既定的概念和常識，化不可能為可能，實現了好幾個夢想。

＊

他現在的名字叫「造天男」，是創造天國的男人。
2002年11月，坂本龍馬的生日，同時也是忌日的15日，他在這天將本名軌保博光給封印起來，轉生為隱含有他滿腔熱情的名字「造天男」。

今後他仍然會一邊享受歡笑，一邊為了創造充滿笑容和元氣的天國而不按牌理出牌地持續往前飛奔吧？

人生當中最大的喜悅
就是實現
別人認為「你是不可能做到」的事情。

沃爾特‧白芝霍特（Walter Bagehot，經濟學者‧政治評論家）

可以不要跟別人一樣嗎？

SWITCH No.

DATE: 　　　.　　　.

memo

88 Switch

MY SWITCH NOTE

新的話語創造出新的概念，
製造出新的每一天。

SWITCH:64

夏目漱石的小說《門》當中有以下這樣一段章節。

「用手指往下一壓，頸部和肩膀連接處略微靠近背部的地方硬得像石頭一樣。御米要求男人盡全力壓那個地方，汗珠從宗助的額頭上冒出來，卻還是使不出可以讓御米感到滿意的力道。」

據說這是「肩膀僵硬」的表現方式第一次被拿來使用的狀況。
也就是說，「肩膀僵硬」的用語是夏目漱石創造出來的。

據說，日本人「肩膀僵硬」的這個概念就是由這裡誕生，讓人們產生肩膀的肌肉變硬的症狀＝肩膀僵硬的自覺。

英文或其他語言當中並沒有「肩膀僵硬」這個說法。
或許是因為這樣吧，歐美人並不像日本人那樣為肩膀僵硬所苦。
用語或概念的產生就可以改變身體或疼痛的感覺。

既然如此，只要改變我們平常使用的用語，將概念做個切換，我們的每一天一定就會有重大的改變。

契機不一定是重大事件。
有時候小小的火種也會引發爆炸。

暢銷作家石田衣良先生曾經創作過許多熱賣的小說。

當他36歲，還是個文案寫手的時候。他在偶然的情況下翻閱雜誌上的占星術所寫的一句話改變了他的人生。

「可以把自己內心所想的事情具體成型。」

看到這句話，他決定要成為一個小說家。「好，就來寫寫小說吧。」
就這樣，他一邊寫文案一邊寫作品，並獲得了第36屆全讀物推理小說新人獎。
那部作品就是《池袋西口公園》。
後來，這部小說被拍成連續劇，由TOKYO的長瀨智也主演，獲得熱烈的迴響。

之後他於2003年發表《4TEEN》，獲得第129屆直木獎。
他成了日本具代表性的小說家。

一切都起因於雜誌中小小占星術的一句話。
瞬間的靈感成為跨出一大步的契機。

「也許可以！」
這麼想的瞬間，可能性就產生了。

APP的開發者Tehu（筆名）先生是在國中三年級時第一次開發APP。

他所設計的「健康計算機」APP有80萬筆下載量，在免費APP排行榜中名列第三名，每個月賺得10萬日圓的廣告費。他把賺來的錢全部都捐出去了。

他開始開發APP的契機是看到了一則新聞「新加坡9歲少年開發iPhone專用繪圖APP」。而那個APP在短短的兩個星期之內就被下載了四千次以上。

Tehu先生當時還不懂程式設計，但是在看到這個消息時，卻想著「我好像也可以」。
於是，他立刻買了大量的關於APP開發的相關書籍，自己學習程式設計，聽說他花了兩個月的時間就上手了。

不管再怎麼年輕，再怎麼缺乏經驗，都沒有關係。
只要覺得自己也可以，可能性就因此誕生了。

對拒絕我們的對象存有依戀，
也可以成為一個重大的契機。

年輕的登山專家栗城史多先生計畫單獨一人在沒有氧氣輔助的情況下挑戰珠穆朗瑪峰（Everest）。

他在20歲時開始爬山，短短的兩年之後，他就成功地登上了北美的最高峰丹奈利峰（McKinley）。
之後，他成功地制霸了南美、歐洲、非洲、大洋洲，還有南極等高山。
目前他的目標是世界最高峰珠穆朗瑪峰。

而且，他要在「單獨一人、沒有氧氣設備」的情況下攻頂。
此外，他還要自行用錄影機拍下登頂的過程，以動畫的方式傳送到網路上，和觀眾們「共享冒險」。

這種登山界前所未有，突破固有型態的做法引起了話題，現在，他是最受矚目的年輕冒險家。

他開始爬山源於一個契機。
那就是「失戀」。

學生時代交往的女朋友的興趣就是爬山。
聽說她喜歡爬山的程度到了連冬天都不放棄的地步。

當時的他連夢想都沒有，只是索然無味地過著每一天。
她理想中的男性條件則是「大學畢業、公務員、有車階級」，所以，他想以此為目標。

結果他被她甩了。
心情沮喪的他突然想起她愛爬山，開始在意：「她看到的世界是什麼樣的世界呢？」

於是他進了大學的登山社，開始爬山。
也就是說，他的冒險行動始於「單純的依戀」。

之後短短的兩年。
為了登山，他第一次出國，挑戰丹奈利峰。
他的登山經驗很少，卻想直接挑戰北美的最高峰，大學登山社的
先進們都阻止他「絕對行不通的，放棄吧」。

於是他離開了登山社，決定單獨行動。
結果他成功地登頂，從此「共享冒險」的挑戰開啟了序幕。

現在，他要挑戰世界最高峰珠穆朗瑪峰。
當然是在單獨、沒有氧氣設備的狀況下。
如果成功，那將成為日本人首度的壯舉。

契機這種東西不管再怎麼微小，也不管是什麼內容，都無所謂。

可以不要跟別人一樣嗎？

SWITCH No. _____

DATE: ___ . ___ . ___

memo

88 Switch

MY SWITCH NOTE

「真的是這樣嗎？」

保有一點點的猜疑心，試著以自己的方式思考看看。
這麼一來，也許就可以看到某些新的事物。

聖德太子並不真實存在？
上杉謙信是個女人？
松尾芭蕉是服部半藏的假名？
明智光秀和千利休是同一個人？
西鄉隆盛在西南戰爭之後依然存活，逃命到俄羅斯去了？

歷史上留下了幾個類似這樣的傳說和謎題。

學校教導我們的歷史就是正確的嗎？
教科書上印刷的「事實」究竟有何根據？

也許，只是某個人隨便寫下來的塗鴉或閒聊記事之類的東西被當
成「文獻」挖掘出來，之後又被當成事實留傳下來。

留傳下來的事物其實是很模糊不明的。
把所有的一切都當成事實囫圇吞棗之前，以自己的方式思考看看
吧。
也許你可以因此看到不同的東西。

在我們看不到的地方，
也許存在著什麼新事物。

試著想像看看吧。

任何時候看月亮，它都是一樣的表情。
是的。我們從地球上無法看到月球的背面。

月球的公轉是以二十七天為一個周期，自轉也一樣是二十七天為
一周期。
也就是說，當月球繞行地球一圈期間，月球本身也自轉一圈，因
為總是同一面向著地球，所以我們完全無法看到另一半。
（因為軸心有偏移，所以嚴格說來，只看得到41%。）

也就是說，生活在地球上的我們，絕對是無法用肉眼來確認月球
背面的。

人類曾經到達，除了地球之外的唯一天體就是月球。
我們隨時可以看到它，覺得似乎對月球很了解，事實上，月球還
存在著我們無法了解的部分。

或許還有什麼東西存在月球上……
光是想像，你不會覺得一顆心就怦怦地跳個不停嗎?

所有的事情都跟月球的背面一樣。
試著去想像我們看不到的部分「或許有些什麼」。
一個新的世界就從此展開。

當個一輩子的小人物有什麼不好？

SWITCH:70

被譽為漫畫之神的手塚治蟲先生某次擔任漫畫獎的評審時曾經說過這樣的話。

「事實上，我根本不想看什麼應徵的作品，我只想拿我的作品參加應徵。」

他永遠保持新人的心態。
他的幾部大作就是這樣創作出來的。

即便覺得是負面的事情，
只要有不同的想法，
我們生存的世界就會有重大的轉變。

SWITCH:71

女性搞笑三人組團體「森三中」的大島美幸小姐在國中、小學時代遭到嚴重的霸凌。
有一天，她鼓起勇氣問欺負她的同學：「為什麼要欺負我？」
結果得到的回答是：「因為看到妳哭很好玩啊！」

聽到這句話之後，她轉換了自己的心情。「啊，這可有趣了。那我就不要哭著求饒了，就刻意哭給她們笑吧。」她就這樣克服了霸凌的問題。

後來她成了搞笑藝人，現在仍然為全日本的人們帶來歡笑。

即便覺得是負面的事情，只要能把它轉換為一種堅強的力量，我們就可以天下無敵了。

如果失敗……就挺起胸膛吧。
如果感到沮喪……就振作吧。
如果受到挫折……就為自己感到欣喜吧。

SWITCH:72

發明大王愛迪生改變了人類的歷史。

包括留聲機和電燈泡在內，光是在美國取得專利的發明就超過一千種，他一生大約留下了一千三百項發明。

他之所以能成為一個了不起的發明家，主要原因是他擁有強韌的精神力和不屈不撓的信念。

有一說，他在成功發明電燈泡之前，失敗了一萬次之多。
然而，他卻絕對不認為那是失敗。

「聽說您失敗了一萬次以上，很辛苦吧？」接受採訪時有人這樣問——
「不是失敗。我只是發現了一萬種不是很理想的方法而已。」他這樣回答。

任何失敗都視為全新的一步，絕對不讓自己感到失望。
有人說，這正是愛迪生成功的祕密。

*

失敗。
這是一種確認事情不順利的成功。
越是失敗就代表我們越是接近成功。
～愛迪生～

衝動是沒有計畫的。
沒有計畫有時候會為人生帶來重大的變化。

森永博志先生是個編輯，同時也是個作家。
他擁有這兩樣頭銜，可是兩者似乎有所矛盾。

他寫了許多書，包括《落伍的偉人》和《原宿淘金熱》在內，也從事很多雜誌和暢銷書籍的編輯工作。同時還在雜誌或網站上寫連載文章，此外還製作爵士樂團的作品，同時參與藝術歌曲的作詞工作。他還負責籌劃各種大大小小的活動，設計店面，另外也在小笠原製作電影。

他的工作從超級一流的工作到超級前衛的世界，領域極廣。
如果要用一句話來說明他這個人，那大概就是「創造人」吧？

光是聽到這些簡介，就覺得他一定超級忙碌，然而他本人卻像個孩子似的，每天飄飄然地過著愉快的日子。
實在一點都不像在商場中打滾的人。

他說：
「要問我，年輕時我是否對職業有憧憬？答案是否定的。我有很強烈的感覺，我只是順其自然發展就變成這樣子了。我嚮往的不是職業，而是生活方式。」

改變他整個人生的只是一首音樂。
17歲時，在聽到滾石合唱團的〈把它繪成黑〉（Paint It, Black）的那一瞬間，他聽到自己身體內部發出咚的一聲，他的一顆心彈飛了。
那是他從未聽過的異樣聲音。布萊恩・瓊斯（Lewis Brian Hopkins Jones）彈西塔琴所發出的魔法般的旋律。那個聲音超越了音樂的極致，刺進了他的胸口。

一般說來，他應該會因此立志走上搖滾音樂之路，然而，那種感情悸動之劇烈是無法因為這樣就平息的。

他覺得，自己只有離家出走一途才是正途，便在隔天早上5點，在父母親的枕頭旁留下道別信「承蒙您們多年來的照顧」，帶著身上僅有的100日圓，毫無目標地離開了家。
沒有計畫，真的是一股衝動。

於是他搭上電車，到100日圓車資所能到達的地方，在高圓寺下了車。當時已經身無分文的他搜尋垃圾桶，撿拾人家不要的報紙，很幸運的是他看到了高圓寺的販賣店正在徵求供吃住的送報生徵人啟事，於是他到店裡去。他立刻被採用，找到了棲身之處和工作。

之後，他做過許多工作。有快遞工作、倉庫的工作、印刷工廠的工作、船塢管理人、供吃住的房屋建設工人……累積了各種不同的經驗。
他就這樣不斷地往前邁進，隨心所欲地流浪著，過著他獨一無二的生活。

「我覺得，在鄉下工作比學習任何事情都對自己更有好處。」
他一邊笑著一邊這樣說。

瞬間的衝動有時候會大大地改變一個人往後的人生。
然而，只有在心靈被觸動的同時也採取行動才有這種效果。

任何行動都好。就算離家出走也好。
先踏出一步試試看。
一路上一定有堆積如山的寶物等著我們。

可以不要跟別人一樣嗎？

SWITCH No.

DATE: . .

memo

MY SWITCH NOTE

即便感到迷惘，即便犯了錯，
仍然邁步向前，這是正確的態度。
你的腳所踩著的地面，你瞧，
360度全都是路啊。
〈Stage of the Ground〉BUMP OF CHICKEN

可以不要跟別人一樣嗎？

SWITCH No.

DATE: ___ . ___ . ___

門不會自然開啟。
門是要用力撬開來的。

史蒂芬‧史匹柏（Steven Allan Spielberg）拍攝了很多有名的作品，被譽為世界最好的電影導演之一，作品包括《大白鯊》《第三類接觸》《E.T.》《法櫃奇兵》《侏羅紀公園》《搶救雷恩大兵》《辛德勒的名單》等等。

從小就夢想當電影導演的他把學校拋在一旁，選擇的學習場所就是環球影城的拍攝現場。
17歲的時候，住在亞利桑那的史匹柏參加了位於洛杉磯的環球影城的觀光之旅。
在行程當中，他看到了與電影拍攝相關的布景設施等，卻沒能參觀到拍攝的現場。於是史匹柏採取了斷然的行動。他在行程中途，利用休息時間躲進洗手間，自行脫隊，潛入攝影棚，偷偷跑去參觀攝影工作。

隔天，為了再去觀看攝影過程，他穿上工作服前往攝影棚，潛入裡面，假裝是相關的工作人員。之後，他請在攝影棚裡面認識的工作人員幫他做一張通行證，從此開始建構他的人脈，之後，他已經可以在不用通行證的狀況下進出攝影棚了。

升上大學之後，他把環球影城內本來是一間空的打掃房當成自己的辦公室，擅自使用，開始長期窩在攝影棚裡面。就這樣，他開始在好萊塢活躍了。

不畏自己的年齡和經驗不足，強行潛入最高殿堂的工作環境當中的大膽行徑為他撬開了通往成功的門扉。

「勉強！」→「成功！」

虛張聲勢也無所謂。
只要有這麼一句話，一切就開始運作了。

微軟的老闆比爾·蓋茲（Bill Gates）是世界第一大富豪。
據說，他開啟通往成功之門就是開發了「Windows」的前身——
基本軟體「MS-DOS」。

1980年，電腦業界的大廠IBM在開發新電腦之際，因為自家公司
無力處理基本軟體OS的開發，因此想要對外發包。
當時，數位研究公司（DRI）的加里·基爾代爾（Gary Kildall）
所開發的CP/M這種OS是最被普遍使用的，所以IBM一開始也打
算找他，然而，加里在約定開會的時間外出，沒有與會，以至於
契約就此破局。
於是商談的對象便轉到規模很小的公司微軟。然而，當時比爾·
蓋茲並沒有開發OS。而且交貨時間非常短暫，他根本就沒有從頭
製作的時間。

儘管如此，他把一切都賭在這個機會上。
他立刻擬定尚未開發的OS企劃案，簽下了契約。儘管如此，他手
上並沒有OS。要從零做起，時間又來不及。於是他從附近的程式
設計師那邊買下了已經開發完成的OS所有權，加以修改之後成為
「MS-DOS」，賣給了IBM。

IBM的新電腦超乎預期地熱賣。同時，「MS-DOS」也呈爆發之
勢普及開來！不消多時，該系列便成為業界的標準，微軟也開始
了他們的快速進擊。

比爾·蓋茲當時25歲。微軟，還有「Windows」的原點不是從零
創造出來的，而是從已經存在的東西當中去複製出來的。

掌握良機所需要的判斷和行動力改變了整個世界。

只要持續努力一直到成功，
就一定會成功。

SWITCH:76

亞伯拉罕・林肯（Abraham Lincoln）是美國第十六任總統。
他被譽為偉大的解放者、解放奴隸之父，歷史上最受愛戴的總統
的呼聲也很高。
然而，他的人生卻充滿了挫折。

他出生於貧困的家庭，9歲喪母，是小學的中輟生。
23歲時，他借錢買了一間小雜貨店，後來卻破產了。花了十五年
的時間才還清債務。
同年，他第一次參加州議會議員選舉，在十三名候選人當中名列
第八名而落選。
隔年，他自行創業，很快地又失敗了。
26歲時，他摯愛的女朋友過世，他在精神上遭受到重大的打擊。
之後他一再參加選舉，卻總共落選了八次。

51歲時，他以「從小木屋前進白宮」的文案而當選為總統。

遭受任何挫折也不放棄。
「絕不放棄」這個信念改變了他的人生。

不可言喻的熱情。

只要有這樣的熱情，就已經天下無敵了。

《荒川爆笑團》是由林遣都、桐谷美玲、小栗旬、山田孝之、城田優、片瀨那奈、安倍夏美等當紅的豪華演員陣容拍成電影，引發熱烈話題的作品。

這部電影的劇本、導演是飯塚健先生。

他是一個年輕的電影導演，因為參加電影演出而認識了女演員井上和香，進而結婚，這項消息也炒熱了業界。

他一路走來，成為電影導演的過程非常地坎坷。

高中時，他開始為自己的將來感到苦惱。

他在不經意的狀況下去看了一場電影，望著片尾的結束畫面時，他看到導演的名字最後才出現，心想「導演的名字最後才打出來，一定很偉大又很酷」，於是，他開始立定志向要成為電影導演，「就是這個！我要成為電影導演！」

他不是個熱中看電影的人，更何況，他連黑澤明的作品都沒看過。出於直覺的，他決定要當一個電影導演。

他甚至不知道電影導演是什麼樣的工作。

之後，他也沒有多想，莫名地隨波逐流，成為大學生，開始召集同伴：「哪，讓我們立定志向，成為真正的電影導演吧！」

可是，大家都沒有拍過電影的經驗，根本不知道該從哪裡開始著手。

他心想，如果想要開始做什麼新事物，第一件事就是先看書查資料，於是他試著看遍了《成為電影導演的方法》或《劇本的寫法》等書，還是完全摸不著頭緒。

不過，停下腳步也成不了事，於是，他買了攝影機，開始實際拍攝影片。

之後，他慢慢地實踐書上所寫的事情，也開始理解個中的意思了。

接著，他發現到一件理所當然的事情，那就是「沒有寫劇本，就拍不了電影」，於是，他開始寫起劇本來了。話雖如此，因為他沒學過這方面的事情，所以一開始，什麼都寫不出來。
「我一點寫作的才能都沒有啊～」有很多時候他這樣想著，卻還是繼續拚命地寫。

就這樣，他一邊念大學，一邊和同伴們討論，拍攝自主電影，也在比賽中得過獎，然而卻始終沒有朝電影導演的夢想接近一步的感覺。

「所謂的電影果然還是得在劇院上演才算是真正的電影。這麼說來，光是出於好玩地拍攝影片根本成不了氣候。老是天馬行空拍片，永遠也站不上起跑線。」
他這樣想，遂下定決心休學了，「賭上性命拍出一部專業級的電影吧。」

然而，問題堆積如山。首先就是資金的問題。
「如果要拍專業級的電影，就得用最高段的35釐米底片才行」，於是他做了調查，這才知道，光是拍攝，就要花上2000萬日圓。對從大學休學，只是一個打工者的他而言，2000萬日圓是難以想像的數字。

眼前一片黑暗的他抱著無論如何就是要往前進的心態，傾其所有存款，先飛往沖繩・石垣島去找外拍地點。
「先決定電影的舞台吧！資金方面的事情以後再去想。」

他四處尋找外拍地點，決定了舞台。接下來就是拍攝的工作了。
漸漸的，他再也無法逃避資金的問題了。

於是，他拿著寫好的劇本，抱著姑且一試的心態，一個個去找他能想到的人，包括公司的高層或投資家……

然而，當時他只是一個22歲的打工年輕人，完全沒有人把他當一回事。

儘管如此，他依然不放棄，竭盡所能去見所有能見的人。

在聽到別人嚴苛的批判和建議之餘，他漸漸地看到自己團隊的不足之處，而在慢慢地克服所有的問題之際，資金和演員人選也逐漸到位了。

最後，他竟然成功地募集到7000萬日圓！

工作人員、演員也在他不妥協的情況下請到了最強的卡司，順利地開拍了。在石垣島停留的三十天當中，他們遇到了三次颱風，在和工作夥伴們彼此爭鬧又彼此扶持的情況下，他的問世之作《夏日傾情》殺青了。

之後，此片參與了電影祭活動，後來在東京的老電影院「新宿劇院」公開上映。

結果創下了這一年新宿劇院晚場電影的最高熱賣紀錄，24歲時，他終於成功地以電影導演的身分出道。

他真正為了拍電影而從大學中途輟學是在21歲的時候。

也就是說，他在短短的三年之內，就成功地出道了。

而且是在沒有知識、技術、經驗的情況下。

他只有自己寫作的劇本和滿腔的熱情。

對人而言，這是最需要而且最簡單的事情。

SWITCH:78

這是距今大約八百年前的事情。

好奇心旺盛的神聖羅馬帝國皇帝腓特烈二世有一次突然產生了一個疑問:「為什麼小孩子後來會說話了?沒有接受任何教育的孩子一開始是講什麼語言的?」

於是他進行了一項實驗。
他集合了剛出生的孤兒們,設定條件,要求保母照顧這些孩子。
條件就是「不能對嬰兒說話或露出笑容」「嬰兒發出聲音也不能回應」。

他並沒有要求保母特別嚴苛地對待嬰兒們。
只是極力減少嬰兒與人們的接觸,以機械式的方法來照顧他們。

結果。
嬰兒們都死光了。
實驗以失敗告終。

對人而言,最需要的東西或許是愛情與溝通。

沒有能力⋯⋯努力不夠⋯⋯
在發出這種感慨之前。

也許，
是我們的方法錯了。

SWITCH:79

瑞典的通用語是瑞典話，但是大部分的瑞典人都可以說流利的英語。

為什麼？
一方面是兩種語言類似，不過電視的影響力似乎很大。
瑞典的電視節目有很多都是在美國或英國製作的，這些節目都沒有重新配音，而是透過打字幕來播放的。
從小就觀看這種節目，自然而然地就學會英語了。

相較之下，日本人在國中跟高中的六年當中雖然勤勉地學習英語，但是能夠說流利英語的人卻很少。

我們學習語言的方法是正確的嗎？

有人覺得自己「運氣很好」。
有人覺得自己「運氣很背」。

人生的景色會隨著想法而有所不同。

SWITCH:80

PANASONIC（原松下電器產業）的創始者，被譽為經營之神的松下幸之助先生在進行面試時，好像常常會提出這樣的問題。

「以前你一直是個運氣好的人嗎？或者是運氣比較背的人？」

結果，回答「運氣很好」的人都通過考試，而回答「運氣很背」的人都被淘汰了。

理由在於回答「運氣很好」的人對四周的人們或者對自己所處的環境都會抱持感恩的心情。
松下先生判斷這樣的人就算身處逆境，也可以保持樂觀積極的態度。

會成功是因為運氣很好。
會失敗是因為自己能力不足。
我是抱著這種想法經營事業的。
～松下幸之助～

你是一個運氣很好的人嗎？

慨歎自己的時運不濟、指責對方之前，
不妨改變一下觀點來洞察事物。

你將會看到
以前看不到的事物。

墨樵（Joseph Murphy，美國的教育家·牧師）

可以不要跟別人一樣嗎？

SWITCH No.

DATE:　　　.　　　.

memo

88 Switch

MY SWITCH NOTE

想去！想做！
只要有這種想法，世界就會變得不一樣。

吉田松陰24歲的時候，
美國的輪船來到日本。

看到那些船隻，松陰因為美國的技術之高而受到巨大的衝擊，同時也對日本的處境產生危機感。

「再這樣下去，日本會完蛋。只有想辦法去親眼確認外國的真實狀態才是正途。」
松陰這樣想，隔年在輪船二度前來之際，計畫搭船到國外去。

當時，偷渡出國是重罪。
萬一被逮到，很可能會被判死刑。
然而，他還是決定遠渡重洋。

就這樣，他跟弟子金子重輔一起搭上小船。
目標是漂浮在浦賀海面上的輪船。

是的。他竟然是打算賭上一條命潛入輪船，請對方讓他偷渡出國。

他們划著小船。
然而海浪太高，小船難以前進。
第一天，他們被海浪推回岸邊，計畫失敗。
第二天，天空下了雨，無法出船。
第三天，他成功地將陳述自己想前往美國心願的信交給了上岸的美國人。

可是，對方沒有來接他們。

「看來還是只能靠自己潛入船上了」，他們再度划著小船，朝著輪船前進。

就這樣，他們想辦法把小船橫靠在輪船旁邊，爬上了甲板。
船上的通譯官與上了船的兩人對談。
之前交給美國人的信件內容也送到了馬修・培里（Matthew Calbraith Perry）的手上，然而基於「不能違反日本的法律，把人帶到美國去」的原則，他們被趕了回去。

這個有勇無謀的行動也對培里造成了莫大的衝擊，據說，此事也改變了當時歐美人士對日本人的觀感。

「觸犯嚴峻的國家法令，只為了獲得知識而甘冒性命危險的兩個有教養的日本人，那股強烈的求知欲著實讓我產生莫大的興趣。
我相信這兩個不幸的人所採取的行動是日本人特有的天性。
日本人強烈的好奇心如此明確地彰顯出來。只要看到日本人的這種特質，就會知道，讓我產生興趣的這個國家的未來是一片充滿夢想的曠野，是一個充滿希望和期待的土地！」
～摘自《培里提督的日本遠征記》～

之後，松陰被送進監牢，但是卻免於死罪，出獄之後，成立了松下村塾，培育出了高杉晉作、久坂玄瑞這些優秀的人才。

後來，他再度入獄，被判死罪，遭到斬首。
享年30歲。

吉田松陰賭上自己的性命採取了行動。
也許，那正是日本的革命──明治維新之始。

＊

「難道你不想知道海的對岸有什麼嗎？
我想知道。我按捺不住想親眼看看異國的欲望。
外國人的輪船來了。只要搭上輪船，就可以前往美國。
前往遠比日本進步的文明之國。

也許會失敗。
也許在抵達輪船之前就會遭到逮捕。
也許美國人會拒絕讓我上船。
那也無所謂。
這樣做，比什麼事情都不做要有價值上幾千、幾萬倍。
我不怕死。
想去的心情還比恐懼的心要強上許多。

如果你真的對異國有興趣，一定會做跟我一樣的事。
你沒有那樣做。原因是什麼？
是因為害怕被殺嗎？是因為害怕回不了日本嗎？
是因為離不開親友嗎？
這些都只是藉口。」
～摘自《龍馬傳》吉田松陰的台詞～

你是否分辨得出必要的情報，巧妙地加以操作使用？
你是否被如洪水一般的情報所淹沒，反而為情報所操控？

無法有效利用的情報，
只會遮蔽我們的視野。

SWITCH:82

有一說：「現代人一天所接觸到的情報量足以與江戶時代的人們一輩子所接觸到的情報量匹敵。」

這種現象可以說是現代人非常得天獨厚的一點，然而也會讓我們淹沒於情報的洪水當中。

也有人說：「人在二十四小時之內會將得到的情報的大約八成給忘光光。」

在情報洪水當中，如果無法巧妙地做取捨選擇，或許會失去真正重要的事情。

出生於日本是一件好事？
出生於日本是一件不幸的事？

你是否因為事情太過理所當然而將之遺忘了？
再度檢視一次幸福的標準吧。

SWITCH:83

據說，水龍頭的水能夠直接飲用的國家
包括日本在內，只有寥寥可數的十一個國家。

能夠輕鬆簡單而安心地飲水。
事實上，那是非常稀奇的一件事。

出生於這個時代、這個國家。
光是這一點，我們就已經很幸運了。

「老人不像老人」也無所謂。

每個人都不一樣。
沒有必要貫徹「像～的風格」這樣的單一價值觀。

創造「麵包超人」這個角色的柳瀨嵩先生即便超過90歲之後依然在線上活躍（2013.10.13病逝，享年94歲），每天懷著雀躍的心情享受人生。而且，他在這種年紀的時候比年輕時更能享受人生的樂趣。

他在自己的作品當中寫下了這段話。

「人一過了80歲，就沒有所謂的人生手冊之類的東西。因為每天都是新鮮的，充滿了令人驚訝的事物，是一趟通往未知世界的冒險旅行，所以顯得更加有趣。」

《人生，從90歲之後更形有趣！》柳瀨嵩

「都已經這把年紀了……」
這樣的世俗常識在他身上並不適用。

正因為「這把年紀了」，所以更要放手去做自己想做的事。
那就是他的人生。

遵循會綁住自己的常識是一件很可惜的事情。
懂得享受人生的人才是最強的。

人生的目的在於享樂。

＊

為了什麼目的而活在這世上？
活著時做些什麼事？
回答不來這些問題
是一件讓人不快樂的事！

〈麵包超人進行曲〉

235

隨著年歲的增長，有什麼會隨著衰退呢？

與其在意記憶力好不好，
以新鮮的眼光看待世界的能力是否鈍化了才是問題。

你是否以僵化的觀點看待這個世界？

SWITCH:85

大腦的神經細胞從3歲之後就固定了，不管到幾歲，幾乎都不會有變化。然而，我們卻總覺得隨著年歲的增加，記憶力好像就跟著下降了。原因似乎出在「人只要老化，記憶力就會衰退」的執念。

美國塔夫茨大學做過這樣的實驗。
實驗中各找來六十四名18～22歲的年輕人和60～74歲的高齡者，讓受測者背誦一張單字，然後再讓他們看另一張單字，要他們指出哪個單字出現在本來記憶在腦海中的名單上。
結果，如果在實驗之前只對受測者說明「這是一種心理學的測驗」時，不管是年輕人或高齡者的正確解答率大約都是50%，沒有多大的差別。然而，如果在實驗之前挑明了說「一般說來，高齡者在這項實驗的成績都會比較差」，那麼，高齡者的正確解答率就下降到大約30%了。

腦科學者池谷裕二先生在和糸井重里先生（日本散文作家）的對談中這樣說。

「我覺得大人和孩子最大的不同點是『孩子像張白紙一樣，原原本本地接受了周遭的世界，所以世界看起來是光輝燦爛的。因為每件事物對他們來說都是新鮮的，所以他們對身邊的世界充滿了興趣，想更了解這個世界。然而，一旦長大成人，就會覺得事情都是千篇一律的，腦袋中的想法是，以前就看過這種事物了』。因為大人以僵化的觀點來看待事物，所以驚奇和刺激感就減少了。因為刺激減少，沒有殘留在印象當中，所以就產生了記憶力好像下降的錯覺……」
《海馬‧大腦不會疲累》池谷裕二，糸井重里

習慣活著，對生存失去興趣的那一瞬間，我們便失去了許多東西，同時也失去了記憶力。抱著看新鮮事物的心情，雀躍地活下去吧。世界隨時都綻放著光芒的。

答案不見得永遠都存在我們心中。
試著改變觀點去看待眼前的事物吧。

佐藤可士和先生是一個在各種不同的領域活躍的藝術指導。
當他在美國就讀大學時，一直認為，所謂的藝術指導就是一種類似藝術家的職位，主要的工作就是創作自己的「作品」，將作品放進媒體或企業的廣告框架當中。然而，他進入廣告公司之後的第五年，參與了本田客貨車的廣告大型專案當中，他投入工作的方式因而有了改變。他拋開了自我──先將個人的嗜好擱置一旁，率直地面對車子所具有的本質上的價值──認真地思考，對商品和顧客而言，什麼才是最重要的。
於是，他提出了「和孩子一起去旅行吧」的文案，打出了顛覆以前汽車廣告形象的大膽手法，結果獲得極大的好評。銷售成績也站上了迷你廂型車領域的顛峰，銷售熱潮持續了七年之久。

「以前滿腦子都是錯誤的想法。想得獎、想要創造出帥氣的東西，成為一個受到好評的設計師。從來就沒有真正去看出，對商品而言，什麼才是正確的廣告。」
於是他發現到，重要的不是自我表現，而是如何將訊息傳達給人們。重點不是將自己心中的答案給擠出來，而是將存在對方心中的答案做個整理，如實地傳達給對方……這是他掌握到的模式。

答案在對方手上。他表示，自從有了這種想法之後，就從恐懼和擔心失去自己本身創意的心態當中解脫了。

在悲觀地認為自己找不到答案之前，先改變一下觀點，看看對方吧。你一定會發現，答案就在眼前。

即便沒有知識、沒有經驗、身無分文，
只要持之以恆，任何人都會成功。

這是關於自由作家高橋步先生的事情。

他是書籍發行公司A-Works的代表，然而他創立出版社時，對出版的相關知識幾近於零。

高橋步22歲，無業遊民。

有一次和朋友小酌兩杯時，談到了書的話題，「如果在書店的自傳專區，在擺放居禮夫人或野口英世等人的自傳旁邊擺上高橋步的自傳的話，會惹人笑話嗎？」

他立刻去買了《出版業界》之類的書來看，但是因為內容太艱澀了，不到一小時，他就舉手投降了。

他唯一得到的情報就是「想要出書，一定要得到出版社編輯的首肯」。

可是，他覺得要得到別人的許可是一件很麻煩的事情，便決定和朋友自行成立出版社。

他找了一個高中一年級的朋友、一個飆車族，再加上自己的弟弟，一共四個人去打性質可疑的工，低聲下氣地向朋友借錢，從身無分文到籌措了600萬日圓，成立了一間出版社。

就這樣，員工的平均年齡只有20歲的日本最弱出版社於焉誕生。

之後，基於「手寫太麻煩」的原因，一開始他先買了文字處理器。還無法掌握不看鍵盤敲鍵法的他先是用兩根手指頭，開始一個字一個字慢慢地敲打鍵盤寫稿子（拜此之賜，到目前為止，他還是不熟悉敲擊鍵盤的方法）。

因為不熟悉文字處理器的使用方法，忘了要儲存資料，以至於奮戰了十四個小時寫出來的文稿被刪掉了，「哇～～」他大吼一聲，往文字處理器上就是狠狠地一拳，倒頭就睡……

他想寫關於導盲犬的故事，決定前往導盲犬協會去採訪，結果發現自己沒有錄音機，只好用大型的卡式收錄音機錄音……

他到附近的小印刷廠去詢問「我想印書，要花多少錢？」對方問他書籍頁數、想要使用的紙張類型、版面設計等問題，他卻一問三不知。後來他把當時最喜歡的傑克‧馬猶（Jacques Mayol）的《碧海藍天》這本書帶過去，告訴對方「我要的就是這樣的感覺」，請對方估個價……

他又到附近的書店去問店員「書籍的營業流程是如何進行的？」請對方讓他看看其他出版社的業務員提交的訂購單，然後有樣學樣地開始營業……

總而言之，每一項工作都是靠著這樣摸索而來，最後總算完成了作品，然後他又一家一家書店去拜訪，總算募集了3000本的訂購數量，他的第一本自傳《HEAVEN'S DOOR》發售了。

這樣的做法能成功嗎？
大部分的人可能都會這樣質疑。
但是！……我們很想來個這樣的轉折，然而，事實上，如大家所質疑的，他的自傳完全賣不出去。

之後，他又試著出版了弟弟所寫的關於海豚的書，以及朋友所寫的小說，然而三本書完全賣不出去，借來的錢也累積到3000萬日圓了。於是，同伴們紛紛離去，只剩下他自己（23歲）和弟弟（21歲）兩個人繼續奮鬥。

不知如何是好的他們把解散期限設定在兩年之後。
「不管如何，在期限到來之前，我們一定要堅持到最後。」

因為確立了終結的時間，爆發力於是再度產生。
他們發行了賭上命運的第四本書。首度創下了熱賣的紀錄。
新同伴也增加了，熱賣的狀況持續著，公司也上了軌道。

之後十幾年。
高橋步的著作累計發行冊數超過了180萬本。

他說。

「嚮往、嘗試、失敗、再嘗試、再失敗、再再嘗試、再再失敗
×1億……之餘，最後順利成功，感動乾杯！
一直以來好像都是這樣的感覺吧？七起八落？小事、小事。
就來個億起兆落吧！」
《Adventure Life》高橋步

「只要集中心力在一件事情上，瘋狂徹底地努力，就一定會有力
量產生。雖然一再失敗，卻也可以學到專業的知識和技術。
而當我們開始可以幫助別人的時候，
錢自然就會滾進來。」
《通往自由之門》高橋步

「每天都面對一連串的失敗。
可是，失敗並不可恥。
因為失敗而失去能量，這才是可恥的吧！」
《WORLD JOURNEY》高橋步

「成功？或者失敗？
誰會曉得？
只要一直努力直到成功，就一定會成功。」
《FREEDOM》高橋步

一路跌跌撞撞的高橋步也可以做到。
只要不放棄，持續努力直至成功，
任何人一定都可以得到成果的。

說起來，成功是什麼？
說起來，失敗又是什麼？

SWITCH:88 ↻

「成功」的反面不是「失敗」，
應該是「什麼都不做」。

就算感動、驚訝、心動，
如果自己不採取行動，什麼事情都改變不了。

如果閱讀本書之後，可以多少擴展你的新世界，
那就立刻開始採取行動做某件事吧。

首先要踏出一步。

*

如果不試著做，結果就形同失敗。
～李察‧布蘭森（維珍集團創始人）～

不管別人說什麼，

只要你的人生因而攀上最高峰，那就是好事。

辰吉丈一郎《波瀾萬丈　辰吉丈一郎自傳》（棒球‧雜誌社）

可以不要跟別人一樣嗎？

SWITCH No.

DATE: .   .

memo

88 Switch

MY SWITCH NOTE

後序

在不自覺的狀況下受限於自己學到的「常識」，本來想活得自由自在，卻陷入「框架」當中，不知不覺中，視野變得極為狹隘，回過神來，才發現自己活在小小的世界當中……

這正是18歲時的我。

莫名其妙地經過推薦，進了大學的經濟學部就讀。我一直想當個老師，但是知道，就讀經濟學部，將來只能成為社會學老師，只因「社會讓人討厭」就莫名地放棄了理想。於是在找不到特別想做的事的情況下，為了打發無聊，便打打工、玩玩樂團等……有一搭沒一搭地過著學生生活。

接近三年級期中時，以世俗的眼光來看，我也得開始思考就業的問題了。

我茫茫然地想著：「我對製造東西之類的創意工作有興趣，但是讀的是經濟學部，可能沒機會。念的也不是一流的大學，要進有名的企業可能很難吧？唉，就朝自己有興趣的方向，想辦法進大公司，盡量賺大量的薪水……」

工作很辛苦，也很令人討厭。

可是，為了活下去，不得不做。

剩餘不多的大學生活大概是我人生當中最後一段自由時間。

……我這樣想著。

就在這個時候，我讀了兩個人的自傳。

那就是在本書中也介紹過的高橋步（P.240）和軌保博光（P.176）。

「有可能過那樣的生活嗎？」

在看到他們生活方式的那一瞬間，我心中的開關打開了。

我並沒有想變成像他們那樣，但是卻覺得自己之前的人生觀和工作觀整個瓦解，視野有豁然開朗的感覺。

而我那本來讓我感覺乏味至極的未來在一眨眼之間，變成充滿樂趣的事情，讓我感到十分雀躍。

我立刻登入高橋步先生創立的，同時也出版了軌保博光先生的書的聖堂教父出版的網站。於是我看到了一個女孩子寫在留言欄上的文章。
「我是大學三年級學生，現在就要開始找工作了，在這之前，我想去聽聽聖堂教父出版人們的意見……

我順勢也寫下了留言。
「我也要開始找工作了。我想聽聽意見，我們可以一起去做突擊訪問！」
副社長看到文章，寫了回函。
「我們為兩位準備了座位！本公司即將舉辦公司說明會，歡迎兩位過來參加。」

於是，我去參加了公司說明會。
現場有七個穿著標準面試服裝的學生，後來包括我在內的三個人真的進公司工作了。

這是我進出版界的契機。
順便要說一聲，一個在同時期進公司的女孩子，現在成了我老婆。

只因為接觸到兩個人的生活方式樣本，我的生命就開啟了開關，在留言欄寫下留言的小小的一步開啟了一道新的門扉，我的人生因而產生了戲劇性的轉變。

契機可以是一件小小的事情。
只要打開心靈的開關，人生就會在一瞬間轉換。
我想製作一本寫滿了可以成為扭轉人生契機的「開關」之類的啟示書。
我抱著這種心態擬出來的企劃就是本書的內容。

「觀點改變」「腦袋放閃光」「價值觀被顛覆」「恍然大悟」「常識崩壞」「靈光湧現」……我根據這些主題，收集了自己看過的書或從他人口中聽到而留存在印象中的逸聞，彙集成一本書。

為了避免出錯，我反覆檢視內容，但是有些細節會在記憶中褪了色。關於這一點，希望各位讀者能多包涵。

人生只有一次。如果本書能夠讓你打開新的開關，成為擴展你的世界的契機，實是萬幸。

破壞無趣的人生吧！
Enjoy your life.

2012年10月18日　　滝本洋平

國家圖書館出版品預行編目資料

可以不要跟別人一樣嗎？/ 滝本洋平‧
磯尾克行編著；陳惠莉譯. ——初版
——臺北市：大田，民 104.10
面；公分 . ——（Dream On：05）

ISBN 978-986-179-403-7（平裝）

177.2　　　　　　　　　　104009055

Dream On 005
....

可以不要跟別人一樣嗎？
讓你人生大改變的88個開關

滝本洋平、磯尾克行◎編著
陳惠莉◎譯

出版者：大田出版有限公司
台北市 10445 中山北路二段 26 巷 2 號 2 樓
E-mail：titan3@ms22.hinet.net　http：//www.titan3.com.tw
編輯部專線：（02）25621383　傳眞：（02）25818761
【如果您對本書或本出版公司有任何意見，歡迎來電】
法律顧問：陳思成律師

總編輯：莊培園
副總編輯：蔡鳳儀
執行編輯：陳顗如
行銷企劃：張家綺
校對：蘇淑惠／陳惠莉／金文蕙
美術編輯：張蘊方
印刷：上好印刷股份有限公司‧（04）23150280

初版：2015 年（民 104）十月一日
定價：280 元
國際書碼：978-986-179-403-7　CIP：177.2/104009055

SWITCH NOTE by Youhei Takimoto, Katsuyuki Isoo
© 2012 Youhei Takimoto, Katsuyuki Isoo
All rights reserved.
Original Japanese edition published in 2012 by A-Words Inc.
Complex Chinese Character translation rights arranged with Sanctuary Publishing Inc.
Through Owls Agency Inc. Tokyo.

你可能是各種年齡、各種職業、各種學校、各種收入的代表，

這些社會身分雖然不重要，但是，我們希望在下一本書中也能找到你。

名字／_____ 性別／□女 □男　　出生／_____年_____月_____日

教育程度／

職業：□ 學生□ 教師□ 內勤職員□ 家庭主婦 □ SOHO族□ 企業主管

　　　□ 服務業□ 製造業□ 醫藥護理□ 軍警□ 資訊業□ 銷售業務

　　　□ 其他 _____

E-mail/_____ 電話／_____

聯絡地址：

你如何發現這本書的？　　　　　　　　　書名：可以不要跟別人一樣嗎？

□書店閒逛時_____書店 □不小心在網路書店看到（哪一家網路書店？）_____

□朋友的男朋友(女朋友)灑狗血推薦 □大田電子報或編輯病部落格 □大田FB粉絲專頁

□部落格版主推薦 _____

□其他各種可能 ，是編輯沒想到的 _____

你或許常常愛上新的咖啡廣告、新的偶像明星、新的衣服、新的香水……

但是，你怎麼愛上一本新書的？

□我覺得還滿便宜的啦！ □我被內容感動 □我對本書作者的作品有蒐集癖

□我最喜歡有贈品的書 □老實講「貴出版社」的整體包裝還滿合我意的 □以上皆非

□可能還有其他說法，請告訴我們你的說法

_____

你一定有不同凡響的閱讀嗜好，請告訴我們：

□哲學 □心理學 □宗教 □自然生態 □流行趨勢 □醫療保健 □ 財經企管□ 史地□ 傳記

□ 文學□ 散文□ 原住民□ 小說□ 親子叢書□ 休閒旅遊□ 其他 _____

你對於紙本書以及電子書一起出版時，你會先選擇購買

□ 紙本書□ 電子書□ 其他_____

如果本書出版電子版，你會購買嗎？

□ 會□ 不會□ 其他_____

你認為電子書有哪些品項讓你想要購買？

□ 純文學小說□ 輕小說□ 圖文書□ 旅遊資訊□ 心理勵志□ 語言學習□ 美容保養

□ 服裝搭配□ 攝影□ 寵物□ 其他 _____

　請說出對本書的其他意見：

大田精美小禮物等著你！

只要在回函卡背面留下正確的姓名、E-mail和聯絡地址，
並寄回大田出版社，
你就有機會得到大田精美的小禮物！
得獎名單每雙月10日，
將公布於大田出版「編輯病」部落格，
請密切注意！

大田編輯病部落格：http：//titan3.pixnet.net/blog/

智　慧　與　美　麗　的　許　諾　之　地